Mes petites recettes magiques sans sel

Conception de la couverture : Bruno Paradis
Photo de la couverture : Shutterstock.com
Correction d'épreuves : Violaine Ducharme

Imprimé au Canada

ISBN : 978-2-89642-624-9

Dépôt légal – Bibliothèque et Archives nationales
du Québec, 2012

Les Éditions Caractère remercient le gouvernement du
Québec – Programme de crédit d'impôt pour l'édition
de livres – Gestion SODEC

Les Éditions Caractère reconnaissent l'aide financière
du gouvernement du Canada par l'entremise du Fonds
du livre du Canada pour leurs activités d'édition.

Visitez le site des Éditions Caractère
editionscaractere.com

Mes petites **recettes magiques**

sans sel

CAR
ACT
ÈRE

Sommaire

Introduction

Contrairement aux idées reçues, manger moins de sel n'est pas réservé aux aînés atteints d'hypertension. Loin s'en faut. En fait, c'est même chez les enfants et les adolescents que cette recommandation prend le maximum de sens ! Plus tôt ils mangent du sel, plus ils risquent de souffrir d'hypertension et de fragiliser leur squelette une fois adultes. Cela ne se passe pas du jour au lendemain, mais petit à petit, grain après grain. Découvrez dans ce livre les vraies bonnes raisons de limiter votre consommation de sel, et de protéger ainsi votre santé et votre silhouette.

L'excès de sel, un problème de santé publique

Une étude publiée fin 2007 concluait que si l'ensemble de la population mondiale mangeait moins salé (de seulement 15 %), cela permettrait de sauver… 9 millions de personnes en 10 ans. Neuf millions de personnes qui pourraient rester en vie au lieu de mourir, rien qu'en mangeant un tout petit peu moins de sel ! Cela mérite réflexion. Au Canada, on commence doucement à se préoccuper du problème, alors que les méfaits du sel sont clairement établis depuis les années 1980. Divers pays européens comme l'Angleterre, la Belgique, la Finlande, l'Irlande et le Portugal ont pris des mesures de santé publique « stop sel » dès ces années-là ! Mais il n'est jamais trop tard pour bien faire…

Ce que nous gagnerions tous à manger moins salé

Manger moins de sel, c'est :
✓ moins d'infarctus ;
✓ moins d'accidents vasculaires cérébraux ;
✓ moins de maladies rénales ;
✓ moins d'ostéoporose ;
✓ moins d'obésité (notamment chez les enfants) et de surpoids (pour tous) ;
✓ moins de complications du diabète.

Le sel, une mauvaise habitude à perdre

« Il en est du sel un peu comme du tabac. Tout le monde sait depuis longtemps que sa consommation entraîne des effets sur la santé. Néanmoins, celui-ci est resté socialement bien toléré jusqu'à récemment, avant que des décisions réglementaires ne soient prises dans beaucoup de pays pour l'interdire dans les lieux publics. En France, malgré quelques progrès depuis 10 ans, 1 homme sur 3 et 1 femme sur 10 consomment encore quotidiennement plus de 10 g de sel par jour, selon la plus récente enquête (Nutrinet-santé) », Dr Pierre Rimbaud, médecin du SALT*.

Pour le Dr Rimbauld, le sel alimentaire n'est pas un aliment, mais un additif qui peut être toxique au-delà d'une certaine dose. Selon lui, s'il est apparu dans l'alimentation il y a des centaines d'années pour améliorer la conservation de nos aliments, nous n'en avons plus besoin aujourd'hui, pour cet usage en tout cas. Pourtant, nous en mangeons beaucoup, et même beaucoup trop car les industriels l'utilisent *larga manu* dans leurs produits. Plus on mange « industriel », plus on avale de sel, plus on met sa santé en danger. Et cela ne va pas aller en s'arrangeant puisque nous consommons de plus en plus de plats préparés... donc de plus en plus de sel. Pourtant, ce problème majeur n'est pas une malédiction. Il suffit de retrouver les aliments simples et de les préparer soi-même pour consommer moitié moins de sel, et ainsi revenir à des chiffres compatibles avec une parfaite santé !

Source Vitanews n° 35, mars 2011.

---

* Association SALT (Sodium alimentaire limitons les taux), crée en 2010 www.salt.asso.fr, branche française du mouvement WASH (World Action on Salt and Health), qui organise chaque année la Semaine mondiale de sensibilisation au sel (World Salt Awareness), fin mars.

Test : mangez-vous trop salé ?

Votre déjeuner...
▲ Café/thé + pain + beurre + confiture.
● Jus de fruits + céréales + lait.
★ Café/thé + omelette/œuf coque + jambon + fromage.
■ Rien.

Votre dîner...
★ 1 pizza ou 1 quiche ou 1 sandwich.
▲ 1 plat du jour à la maison ou à la cantine/resto (type poisson + féculents + légumes verts).
★ Au fast-food (menu type hamburger/frites).
■ Je mange rarement le midi.

Votre souper...
★ 1 plat préparé (réchauffé au micro-ondes) + fromage + dessert (glace, gâteau...).
● 1 menu maison : crudités + pavé de saumon + haricots verts + riz + fromage blanc + compote.
▲ Très léger : 1 soupe maison + 1 yogourt + 1 fruit.
▲ Je soupe rarement, ou alors un peu n'importe quoi : 3 cubes de fromage + 1 pomme + 1 morceau de chocolat...

Vos collations préférées...
▲ Des fruits secs + un peu de chocolat noir.
▲ 1 yogourt nature + 1 fruit frais.
★ 1 barre chocolatée, des biscuits ou 1 viennoiserie (croissant, pain au chocolat...).
★ 1 tranche de jambon ou un œuf.
■ Je ne mange jamais entre les repas.

Votre apéritif type...

■ 1 verre d'eau avec du jus de citron + quelques radis ou bouquets de chou-fleur à croquer.

★ 1 verre de bière/vin/alcool + cubes de fromage + canapés.

★ 1 verre d'alcool + cacahuètes, biscuits apéritifs/amandes salées/olives.

■ Je ne prends jamais d'apéritif.

Vous cuisinez...

● Classique : sel, poivre, c'est à peu près tout.

▲ Beaucoup d'épices et d'herbes, de jus de citron, aucune aide de type bouillon en cube, sauce...

★ Sauce soja, moutarde, sauces diverses du commerce.

★ Je ne cuisine pas, j'achète tout préparé.

Résultats

Comptez vos points :

■ = 0

▲ = 1

● = 2

★ = 3

Moins de 5 points

Vous mangez si peu de sel que ça ? C'est presque bizarre tellement c'est parfait. D'un côté, c'est bien, et même très bien ! Mais de l'autre, êtes-vous sûr de manger suffisamment, à tous les repas (évidemment, sauter 1, 2 ou pire, 3 des 3 repas quotidiens ne donne droit à aucune félicitation) ? Si oui, alors bravo, continuez comme ça ! Vous avez quand même raison d'acheter ce livre car il vous aidera à piocher des idées nouvelles et amusantes pour préparer de bons petits plats. Mais sautez la première partie, inutile pour vous.

Entre 5 et 10 points
Vous êtes dans la moyenne... Ce qui veut dire que, globalement, vous mangez trop salé. Il faut trouver vos points faibles pour réduire le sel. Il peut suffire de peu, par exemple éviter les canapés et les olives à l'apéritif, ou la quiche vite fait le midi. Ou remplacer le fromage affiné quotidien par un fromage frais ou un yogourt... Vous trouverez des dizaines de pistes dans ce livre pour vous aider à passer du « trop salé » au « meilleur et plus parfumé » !

Plus de 10 points
Vous mangez beaucoup trop salé, et ce, à chaque repas. Il y a donc un problème de perception du sel (vous ne savez pas dans quels aliments il se cache) ou d'habitudes alimentaires. Deux possibilités : 1) vous ne cuisinez jamais, ce sont les restaurateurs, les traiteurs ou les industriels qui vous font à manger ; 2) vous suivez un régime minceur basé sur des aliments (trop) riches en sodium, peut-être un régime hyperprotéiné (jambon, fromage 0 %, blanc d'œuf...). Attention, sur le long terme, cela peut causer de sérieux dégâts. Il faut modifier rapidement certaines choses en profondeur. Ce livre peut vous sauver la vie !

Le sel et la santé

Que fait le sel dans notre corps ? À quoi sert-il ? À partir de quand peut-il devenir nuisible ? Tout ce qu'il faut savoir sur le sel et la santé.

Le sel, c'est quoi ?

Le sel est un minéral extrait de la mer (sel marin) ou de la terre (sel gemme). Malin, il présente de multiples visages. Condiment dans une sauce, ingrédient dans une pâte à crêpes, additif dans un produit industriel, aliment (« passe-moi le sel ») voire nutriment (sodium + chlore), il a su se rendre indispensable.

Le sel le plus courant, celui de la salière ou celui intégré à nos aliments, est un assemblage de chlore et de sodium. C'est du chlorure de sodium. Il existe cependant d'autres sortes de sodium, comme le glutamate (de sodium… ce n'est jamais précisé) ou le bicarbonate (de sodium aussi). On indique donc sur l'étiquette le taux de sodium (et non de sel) d'un aliment ou d'une eau minérale, qui regroupe l'ensemble de tous ces sodiums.

À retenir : nous avons besoin d'environ 1 à 2 g de sel par jour car nous en perdons un petit peu dans les urines, la transpiration, les selles, les vomissements, etc. Et même les larmes, qui en contiennent 9 g/litre. Mais de là à pleurer 1 litre… !

À quoi sert le sel dans notre corps ?

Vital, il sert à de nombreuses fonctions fondamentales, notamment hormonales, et est indispensable à chacune de nos cellules. Quelques exemples :
- ✓ *Il permet à l'organisme de garder l'eau.* Sans sel, on mourrait de déshydratation car on fuirait comme des passoires.
- ✓ *Il est impliqué dans les contractions musculaires,* y compris celles de notre cœur (le cœur est un muscle, pour ceux qui l'auraient oublié !).
- ✓ *Il joue un rôle majeur dans notre équilibre nerveux.*
- ✓ *Il aide à absorber et à assimiler certains nutriments,* comme des minéraux, des oligoéléments et le glucose, sucre fondamental pour toutes nos cellules, neurones compris.
- ✓ *Il facilite l'élimination des déchets.*
- ✓ *Le chlore* (rappelez-vous que le sel est constitué de chlore et de sodium) aide à digérer (= acide chlorhydrique) et soutient l'immunité.

À retenir : le corps renferme 100 g* de sodium, il n'est donc pas un ennemi. Il y en a un tout petit peu dans chacune de nos cellules, notre sang, notre peau.

La balance sodium/potassium

Le sodium est un peu le frère ennemi du potassium : lorsque l'un monte, l'autre descend, et vice versa. Comme le sodium, le potassium régule nos contractions musculaires, nos échanges nerveux et bien sûr notre teneur en eau. Avoir trop de sodium est déjà un problème en soi, mais il s'accompagne forcément d'un taux insuffisant de potassium. Or, manquer de potassium favorise entre autres la mort subite et augmente le risque d'arythmie cardiaque. Pour rétablir la balance sodium/potassium, et donc plus largement l'équilibre acido-basique, mangez moins de sel (sodium) mais plus de fruits et de légumes (potassium) !

La pompe à sodium/potassium

La pompe sodium/potassium constitue la base de notre santé, celle à l'origine de toute transformation énergétique dans notre organisme. Rien, absolument rien ne se ferait sans elle. C'est probablement le système biologique le plus ancien du monde : tous les êtres vivants, sans exception, ont cette pompe. Même les êtres unicellulaires ! Le fonctionnement est d'une extrême simplicité : pour qu'une molécule de sucre ou de calcium pénètre dans chacune de nos cellules, elle a besoin d'un accompagnateur : un atome de sodium. C'est comme un portier de discothèque qui lui ouvrirait la porte et la ferait entrer. Mais le portier doit ressortir

→

---

* C'est beaucoup comparé aux 0,03 g d'iode, mais c'est peu comparé au kilo de calcium que contient notre corps !

de la cellule pour 1) libérer de la place et 2) accueillir d'autres molécules de sucre ou de calcium. C'est la pompe à sodium qui s'en charge : elle fait sortir 3 atomes de sodium et les remplace par 2 atomes de potassium. Ce simple mouvement donne de l'énergie à la cellule pour fonctionner (fabriquer des hormones, contracter un muscle, etc.), exactement comme une mini-batterie alternative. Ce qui est incroyable, c'est que cette pompe à sodium agit au niveau de chacune de nos cellules sans aucune exception. Chaque cellule est ainsi une « mini-usine » très rodée, qui fonctionne indépendamment de toutes les autres. On comprend donc aisément qu'une anomalie ou un manque de potassium puisse perturber l'ensemble de l'organisme.

Quels sont les problèmes de santé liés à un excès de sel ?

Normalement, notre corps s'adapte bien à nos caprices alimentaires, et élimine facilement le sel (et l'eau) en trop. Mais à force, cela lui est de plus en plus difficile. Au fil du temps, l'adaptation se faisant moins bien, le sel en excès finit par favoriser les maladies cardiaques, les attaques cérébrales, l'ostéoporose, les maladies rénales, certains cancers (estomac surtout), le surpoids et les troubles métaboliques, dont le diabète.

Sel et hypertension

L'hypertension artérielle est le *serial killer* le plus sanguinaire de la planète : à l'échelle mondiale, c'est elle qui tue le plus, par les infarctus et les attaques cérébrales. Si divers facteurs sont impliqués dans l'hypertension, le sel est aujourd'hui le plus compromis, le plus connu et le plus facile à éviter. Toutes les personnes ayant une pression artérielle trop élevée (hypertension), soit déjà la plupart des plus de 65 ans, devraient donc manger moins de sel. Gardez cependant en tête que tout n'est pas de la faute de ce dernier : consommer des légumes et des fruits à chaque repas, boire peu d'alcool (et de préférence du vin rouge), manger peu de viande, avoir suffisamment d'activité physique est tout aussi important pour garder une bonne tension.

À l'échelle mondiale, 1 milliard de personnes souffrent d'hypertension artérielle, dont 30 % à cause d'un excès de sel. Manger moins de sodium mais plus de potassium, de calcium et de magnésium constitue un excellent « traitement » antihypertenseur. Et si vous prenez un médicament contre la tension, pensez à manger moins salé et à rétablir l'équilibre en ces minéraux dans votre assiette, sinon vos pilules ne servent à rien.

SEL ET ÉQUILIBRE ACIDO-BASIQUE

L'équilibre acido-basique est l'équilibre chimique le plus important du corps. Une alimentation trop riche en sel et en protéines, et trop pauvre en potassium (fruits et légumes) favorise le déséquilibre acido-basique et l'ostéoporose. Tandis qu'une alimentation riche en potassium (fruits et légumes) et pauvre en sodium et en chlore (sel) provoque exactement l'effet inverse : un cœur, des muscles et des os plus solides.

SEL ET CANCER

Le sel pourrait être impliqué dans le développement de certains cancers. Il a même été formellement identifié comme facteur de risque pour celui de l'estomac, probablement parce qu'il agresse la muqueuse gastrique. À moins que ce ne soit pas seulement le sel mais les aliments salés qui posent problème, car alors le sel y est marié à d'autres molécules également soupçonnées de favoriser le cancer gastrique, comme les nitrites (charcuteries). À suivre...

SEL ET ULCÈRE À L'ESTOMAC

Le sel attaque la fragile muqueuse gastrique, rendant l'estomac plus vulnérable à la colonisation par la bactérie *Helicobacter pylori*, impliquée dans un nombre important d'ulcères de l'estomac. Et, indirectement, de cancer de l'estomac.

SEL ET INFLAMMATION

D'une manière générale, l'excès de sel favoriserait les maladies inflammatoires. Pas seulement celles provoquant des douleurs, comme les rhumatismes ou la polyarthrite rhumatoïde, mais aussi les maladies à composante « micro-inflammatoire » : allergies, asthme, migraine, troubles nerveux, dépression, infection, maladie cardiaque, un certain type de cataracte et même l'obésité... La liste est interminable car souvent, en cas d'anomalie de santé, il y a une inflammation.

C'est une réaction normale de l'organisme. De même, entretenir un terrain inflammatoire pourrait provoquer des anomalies et symptômes, et en tous les cas aggraver un état inflammatoire.

SEL ET ATTAQUE CÉRÉBRALE

Le sel est le facteur de risque n° 1 de l'attaque cérébrale. Si un ou plusieurs membres de votre famille ont déjà eu une attaque, il vous est fortement recommandé de manger moins de sel, et ce, toute votre vie. En effet, les attaques cérébrales peuvent très bien survenir chez un adulte jeune : un quart d'entre elles touchent les moins de 65 ans.

SEL ET OSTÉOPOROSE

Nous l'avons vu plus haut : l'excès de sel participe au déséquilibre acido-basique, donc à la fuite du calcium dans les urines. Si vous souhaitez protéger votre squelette, mangez moins salé, plus de fruits et légumes, et gardez une activité physique suffisante (au moins 1 heure de marche par jour).

SEL ET CALCUL RÉNAL

L'excès de sel accroît l'élimination du calcium. C'est un problème pour l'os (voir ci-dessus) mais c'est aussi un problème pour les reins et l'appareil urinaire, qui doit traiter cet excès de minéraux à éliminer. Or, plus de calcium « libre » (c'est-à-dire non accroché aux os ou aux dents), c'est aussi un risque qu'il s'agglomère et forme des « cailloux », les calculs rénaux. Si vous avez déjà subi une crise de colique néphrétique, vous savez à quel point c'est douloureux, et n'avez probablement pas envie de vivre à nouveau cette situation, ne serait-ce qu'une seule fois dans votre vie. Alors attention, ne mangez pas trop salé.

SEL ET MALADIE RÉNALE

L'excès de sel accélère le vieillissement rénal. Il aggrave également les risques liés à l'hypertension et au diabète. On peut alors déclarer une insuffisance rénale très jeune, avec la perspective de fastidieuses dialyses dès 20/30 ans, et même avant. Bien sûr, le sel n'est pas seul en cause, mais les personnes qui consomment le plus de sel sont aussi celles dont la fonction rénale est le plus vite altérée.

SEL ET VIEILLISSEMENT (ALZHEIMER, SYNDROME DE LA BOUCHE SÈCHE…)

Le vieillissement normal, nous n'y pouvons pas grand-chose. En revanche, inutile de l'accélérer en consommant des aliments inappropriés ! L'excès de sel fait partie des pièges classiques à éviter si l'on veut vieillir en bonne santé, agréablement… et pas trop vite. De fait, plus on avance en âge, plus la pompe sodium/potassium (voir p. 15) peine. Petit à petit, les cellules fonctionnent moins bien, puis plus du tout. Ainsi, les maladies dites dégénératives sont des « maladies du vieillissement des cellules », dans lesquelles la pompe sodium/potassium est étroitement impliquée. C'est le cas pour les troubles cardiovasculaires ainsi que pour la maladie d'Alzheimer. D'autres « petits » symptômes qui gâchent la vie des seniors sont eux aussi en relation avec un excès de sodium, comme le syndrome de la bouche sèche, d'œil sec (syndrome de Gougerot-Sjörgen) ou même de troubles de l'humeur persistants. Manger moins de sel ne réglera pas tout. Mais prendre soin de sa balance sodium/potassium est une base essentielle pour mieux vivre.

Sel et cerveau/bien-être

En abîmant les vaisseaux sanguins et en augmentant la pression artérielle, le sel menace autant le cœur que le cerveau. En plus de l'attaque cérébrale (voir p. 19), les études remarquent qu'une forte consommation de sel augmenterait le risque de déclin mental, se traduisant par des troubles de la mémoire, difficultés de compréhension et dégénérescence cognitive. Autre relation troublante : manquer de potassium (donc avoir trop de sodium) favoriserait les états dépressifs ou en tout cas une tristesse qui perdure. Cependant, encore une fois, le sel n'est pas seul en cause : le tabac, le sucre, les mauvaises graisses et l'inactivité physique sont également les ennemis jurés du cerveau. Et ce, à tout âge.

SEL ET ASTHME

Par divers mécanismes, trop de sel pourrait aggraver l'asthme. Même s'il ne s'agit pas d'un facteur prédominant, contrairement au tabac, à la pollution ou aux allergies respiratoires, pourquoi aller chercher la misère ? Des études ont montré que plus on consomme de sel, plus les crises d'asthme sont fortes et rapprochées... et qu'elles s'espacent lorsqu'on mange moins salé.

SEL ET FATIGUE

La pompe à sodium – encore elle – joue le rôle de batterie, comme expliqué p. 15. Si le matin vous avez du mal à sortir du lit, c'est que vous avez mal rechargé vos batteries pendant la nuit. Ce n'est pas tant que vos cellules sont « vidées », « rincées » (c'est pourtant l'impression que cela donne !), c'est plutôt qu'elles n'arrivent pas à se « remplir » à nouveau d'énergie. Nous ne parlons pas ici d'une petite fatigue passagère compréhensible après un effort intense, mais d'une asthénie sans cause apparente, où l'on peut s'endormir dans le métro, sur la selle passager d'une moto ou à peu près n'importe où, car en état de fatigue intense. Si le surmenage n'est pas en cause et qu'une semaine de vacances ne vous a pas remis d'aplomb, il faut chercher l'origine du problème. Plutôt que de vous bourrer de « remontants » et de vitamines, faites une prise de sang. Il y a de fortes chances que vous manquiez de fer ou de potassium (par exemple parce que vous prenez une pilule contraceptive inadaptée ou autre médicament) :

parlez-en avec votre médecin. En attendant, doucement sur le sel, qui ne ferait qu'aggraver votre état.

Sel et vertiges

Le sel et les vertiges forment un drôle de couple. En
effet, trop de sel aggrave les vertiges provoqués par
la maladie de Ménière, due à un problème d'oreille
interne. Dans cette maladie, les patients souffrent de
problèmes de l'audition, d'acouphènes (bourdonne-
ments d'oreille) et de vertiges ; le sel, en retenant l'eau,
aggrave la pression dans l'oreille interne. Ils sont invités
à manger peu salé, à faire des cures de plantes diurétiques et à stimuler leur circulation sanguine.

Mais hors maladie de Ménière, un manque de sel
peut au contraire provoquer des vertiges (dans ce cas,
sans rapport avec un problème d'oreille interne). Tout
comme un manque de sucre d'ailleurs, l'hypoglycémie
pouvant aussi mener à des vertiges. Sauf prescription
médicale, ne soyez donc pas trop radical dans votre
chasse au sel car encore une fois, nous en avons *besoin*.
En quantité raisonnable !

Sel et diabète (et syndrome métabolique)

Le sel est une menace pour le cœur. Or, les diabétiques
doivent tout faire pour protéger leur cœur, déjà fragilisé
par un déséquilibre de sucre dans le sang. Par ailleurs,
ils sont spécialement sensibles à l'excès de sel. Si vous
souffrez de diabète, soyez particulièrement vigilant

concernant vos apports en sel. Si vous êtes atteint de syndrome métabolique (= diabète ou insulino-résistance + excès de cholestérol et tension artérielle trop élevée + surpoids au niveau du ventre), méfiez-vous encore plus du sel, spécialement « agressif » pour vous.

SEL ET RÉTENTION D'EAU (ŒDÈME, JAMBES LOURDES, DOIGTS BOUDINÉS...)

Le sel retient l'eau, c'est là l'un de ses avantages majeurs. Mais aussi l'un de ses inconvénients ! Si vous avez tendance à gonfler, c'est que votre corps retient trop d'eau. Que ce soit chronique (mauvaise circulation) ou ponctuel (par exemple avant les règles), c'est fatigant pour lui, désagréable et inesthétique pour vous. D'autant que la rétention d'eau est une voie royale pour la cellulite. N'aggravez pas les choses en mangeant trop salé !

SEL ET SYNDROME PRÉMENSTRUEL (GONFLEMENT AVANT LES RÈGLES)

Avant les règles, certaines femmes « gonflent » des jambes, des doigts, du ventre... Une rétention d'eau placée sous le signe des hormones, qui disparaît dès que les règles s'installent... et réapparaît le mois suivant. Une régulation hormonale avec par exemple de l'huile de bourrache et d'onagre est conseillée pour réduire ce phénomène, mais dans tous les cas, inutile de l'amplifier en mangeant trop salé ! D'autant que durant ces quelques jours juste « avant », l'appétit est souvent décuplé, on se jette sur des aliments gras, sucrés et salés... avec le risque de « gagner » à chaque cycle quelques centaines de grammes, qui se transforment en plusieurs kilos au fil des mois, puis dizaines de kilos au fil des années.

SEL ET CORTICOÏDES

Votre médecin vous a prescrit des corticoïdes sur le long terme. Il a probablement assorti à sa prescription une injonction de manger moins salé, d'une part pour limiter prise de poids et rétention d'eau, d'autre part pour prévenir une hypertension artérielle.

Le mieux est l'ennemi du bien !

Le régime « sans sel » strict est inadapté pour l'ensemble des patients sous corticoïdes ; seuls ceux prenant des doses supérieures à 10 mg de cortisone par jour sont concernés. Parlez-en avec votre médecin.

SEL ET CRISE DE GOUTTE

Le sel n'est pas directement responsable des crises de goutte. Cependant, la prise de médicaments antihypertenseurs augmente le risque de subir ces rhumatismes articulaires très douloureux liés à un excès de « bonne chère » notamment un abus de protéines – viandes, fromages... Une raison de plus d'essayer de maîtriser autrement cette hypertension, et en tout cas de ne pas la favoriser à cause d'une alimentation trop salée.

SEL ET SURPOIDS

Le sel n'apporte aucune calorie. Mais il ouvre (et prolonge) l'appétit, et pour des aliments souvent riches en gras (biscuits apéritifs, fromage...). Résultat : on mange trop, et on mange trop gras. En plus il attire l'eau à lui, faisant « gonfler » en plus de faire « grossir ». N'importe quel nutritionniste vous dira qu'il est possible de perdre plusieurs kilos rien qu'en réduisant sa consommation de sel. Certes, ce sont des kilos d'eau... mais pas seulement. En effet, lorsqu'on mange moins salé, on mange moins tout court. Au total, chaque repas est moins calorique, on perd du poids tranquillement, sans se priver, sans y penser. Efficacité garantie !

C'est l'une des raisons pour lesquelles il faut éviter les plats préparés lorsqu'on veut mincir : de loin, ils semblent comparables à un menu minceur que vous feriez chez vous, mais en réalité, ils sont plus salés (et souvent plus gras). Une fois, ce n'est pas grave, mais à chaque repas, toute l'année, c'est une catastrophe !

Manger moins salé peut suffire à retrouver un poids normal. Tout dépend de votre cas particulier. Réfléchissez à tout ce que vous avalez contenant du sel (allez voir p. 39). Tirez-en les conclusions. Vous dépassez le « quota » normal de sel au quotidien ? Réduisez votre consommation, vous allez perdre très vite 1, 2 voire 3 kg. Et bien davantage, sur le long terme, si vous êtes vraiment « accro » au tout préparé.

À retenir : à choisir, mieux vaut consommer *ponctuellement beaucoup trop* de sel lors d'un repas – par exemple une soirée raclette – qu'avaler *chaque jour un tout petit peu trop* de sel. Car l'organisme se débrouille bien d'une situation temporaire, mais s'essouffle face à une erreur alimentaire sur le long terme.

Si le sel est mauvais pour la santé, pourquoi il n'est pas interdit ?

Le sel n'est pas mauvais pour la santé. C'est l'excès de sel qui l'est ! De plus, le sel de table, enrichi en iode depuis des années, aide à couvrir nos besoins en iode. Au bord de la mer et chez les personnes qui consomment beaucoup de produits de la mer (poisson, crustacés…), c'est inutile, mais dans les régions éloignées des côtes, en montagne surtout, le manque d'iode peut mener à de graves problèmes de thyroïde (retards mentaux, goitre…). C'est une préoccupation de santé publique.

Donc, comme toujours, ne soyons pas « anti » ou « pour » de façon déraisonnable, mais mesurés et réfléchis !

Que se passe-t-il si l'on manque de sel ?

Le corps renferme 70 à 100 g de sodium. La moitié est stockée dans les organes et les os, l'autre moitié circule (sang) et est répartie dans ou autour des cellules.

Lorsqu'il en manque, ce qui est plutôt rare – canicule provoquant une déshydratation surtout chez certaines personnes âgées, ou chez les prématurés, ou en raison de maladies hormonales particulières, diarrhées intenses, etc. – cela peut provoquer des problèmes graves.

À retenir : manger trop peu salé peut être néfaste. Le risque est de se déshydrater (puisque le sel retient l'eau), d'être très fatigué physiquement ou mentalement, de souffrir de maux de tête.

Quels sont nos besoins en sel ?

Ils dépendent de différents facteurs, comme notre âge, notre sexe, s'il fait chaud ou non, etc. Globalement, nos besoins « plancher » sont de 1 à 2 g de sel par jour. C'est pourquoi un régime dit « sans sel » est en fait un régime à 2 g de sel. Mais dès que le corps élimine plus de sel, par exemple en cas de sport, canicule (forte transpiration) ou autre facteur déshydratant (climatisation, travail en cuisine surchauffée, etc.), nos besoins grimpent alors à 4, voire 6, voire 8 g de sel par jour.

À retenir : nos besoins équivalent à 1 cuillère à thé par jour. Tout confondu : sel de la salière et sel intégré aux aliments, bien sûr !

Devons-nous tous manger moins salé ?

Globalement, oui. À l'échelle de la population, nous mangeons trop de sel. Les chiffres diffèrent légèrement selon les études : en moyenne 7,7 g/jour (étude INCA 2), ou 8,5 g/jour (étude ENNS) ou 6 g/jour (étude CCAF)… Le problème, c'est que ces chiffres déjà supérieurs aux apports recommandés ne sont que des moyennes, et cachent donc des consommations bien plus élevées pour une partie de la population. Ainsi, selon l'ENNS, 25 % des hommes et 5 % des femmes en avaleraient jusqu'à 12 g/jour au lieu des 5 g maximum recommandés par l'OMS.

Nous avons besoin de sel, c'est vrai. Mais celui naturellement contenu en toute petite quantité dans les aliments (viandes, poissons, œufs, légumes…) suffit à couvrir nos besoins.

Pour évaluer votre consommation de sel, reportez-vous aux annexes p. 201.

À retenir : il ne s'agit pas de chasser le sel aveuglément, mais de prendre conscience que nous en consommons souvent trop, et d'en avaler moins. Exactement comme le sucre ou le gras.

Devons-nous tous manger « sans sel » ?

Non. Seules certaines personnes doivent manger vraiment « sans sel » (régime hyposodé), c'est-à-dire ne pas dépasser 2 g de sel par jour (soit 800 mg de sodium). En général, ce sont des patients sous traitement (corticoïdes), et/ou souffrant de problèmes cardiaques importants – hypertension sévère, insuffisance rénale ou hépatique –, suivis par un médecin.

À retenir : d'une manière générale, et sauf exception pour raison médicale précise, le « sans » ne mène nulle part. « Sans gras » n'a aucun sens, « sans sucre » non plus, « sans sel » pas plus. Seule la modération apporte des résultats durables, positifs et significatifs. Mangeons moins salé, mais ne traquons pas le moindre grain de sel !

Pourquoi mangeons-nous trop de sel ?

Parce que nous mangeons trop de produits transformés et de plats préparés qui, tous, contiennent des quantités plus ou moins importantes de sel.

Parce que le sel est réconfortant. Quelques grains suffisent pour activer dans notre cerveau les circuits cérébraux de la récompense (comme pour le sucre), comme l'explique le professeur en nutrition Michel Krempf*. Il

---

* Du groupe SALT (voir p. 9).

peut se développer alors, insidieusement, une forme d'addiction pour le sel, dont il est difficile de sortir. Comme de toutes les addictions.

Les aliments contiennent naturellement une certaine dose de sel (sous forme de minéraux), qui normalement se suffit à elle-même, nous l'avons oublié ! Mal habitués que nous sommes à manger trop salé, nous jouons de la salière pour un oui ou pour un non... Cependant, ce sont surtout les plats préparés et aliments « tout prêts » du commerce qui posent problème, ainsi que les plats servis au restaurant. Ils renferment presque tous beaucoup trop de sel. Et comme on ne voit pas ce dernier (contrairement à celui de la salière), on a l'impression d'en manger peu, voire pas du tout.

À retenir : une part de carottes râpées maison est admirable pour la santé... la même, du commerce, est une mine de sel ! Et d'autres exemples du même acabit : soupes, produits à base de légumes – surtout les conserves – et bien sûr plats préparés à base de viande, de poisson, etc. Le pain est également un grand pourvoyeur de sel.

Le palmarès des 10 aliments trop salés

Voici les principaux vecteurs de sel qui alourdissent quotidiennement nos apports :

- 23 %* : pains, biscottes
- 10 à 20 % : sel de la salière (que l'on ajoute nous-même sur les plats)
- 12 % : plats préparés

→

- 11 % : charcuteries

- 8 % : soupes

- 7 % : fromages

- 5 % : sauces

- 4 % : tartes salées, quiches, pizzas

- 4 % : sandwichs

- 4 % : condiments

* Comment comprendre cet encadré ? Pain et biscottes contribuent pour 23 % à nos apports en sel. Presque ¼, c'est énorme ! En soi, ils ne sont pas très salés, mais on en mange des quantités importantes chaque jour.
Source : CNIEL

Pourquoi les industriels ajoutent-ils autant de sel dans leurs produits ?

Pour diverses raisons :

✓ *De coût.* Le sel, ingrédient bon marché, retient l'eau. Résultat, le produit pèse plus lourd, donc peut être vendu plus cher. Classique dans les jambons « bas de gamme ».

✓ *De conservation* (charcuteries…). Mais c'est nettement moins vrai aujourd'hui puisque tout le monde possède un congélateur ou au moins un réfrigérateur.

✓ *De « masquage ».* Le sel masque la saveur fade des matières premières (viande…) de médiocre qualité.

✓ *De manipulation de notre appétit.* Le sel ouvre l'appétit. Vous avez sans doute remarqué qu'il est impossible de manger un seul gâteau apéritif… Plus on en mange, plus on a envie d'en manger !

Même si les industriels ont fait récemment des efforts pour diminuer la teneur en sel de certains de leurs produits, par exemple - 48 % pour les soupes déshydratées ou - 17 % pour les flocons de maïs, entre 2005 et 2008*, d'autres restent désespérément trop salés. C'est le cas pour les fromages fondus, les pains, le jambon cru, les pizzas, le cassoulet, les quiches, les soupes liquides et autres plats très salés. Pire, certains produits semblent même plus salés qu'avant, comme le camembert et les fromages de chèvre, les saucisses, les viennoiseries... !

Le sel sur les étiquettes

Si vous avez affaire à un produit du commerce et que vous ne savez pas s'il renferme ou non du sel, cherchez l'étiquette. Si vous y voyez les mots « sodium », « sodique », « sel » ou « Na » (le symbole chimique du sel), soyez attentif. Les ingrédients étant listés par ordre décroissant d'importance, plus ce mot apparaît tôt dans la liste, plus il faut se méfier du produit.

Par ailleurs, le sodium se cache derrière nombre d'additifs, par exemple le disulfite de sodium (E 223), le nitrite de sodium (E 250), le sorbate de sodium (E 201), le formiate de sodium (E 237), le benzoate de sodium (E 211), l'alginate de sodium (E 401)... la liste est longue ! Autant de petites touches de sodium « en + ». Encore une excellente raison d'éviter les produits tout préparés. Et bien sûr si le mot « salé » est écrit en gros sur l'étiquette, passez votre chemin, cela veut dire qu'il y a vraiment « la dose » ; exemple : « cacahuètes grillées salées ».

---

* Chiffres ANSES.

Le problème du sel dans l'alimentation ne concerne que les aînés ?

Non ! On imagine souvent que le problème du sel ne concerne que les personnes âgées et hypertendues. Rien n'est plus faux : il sévit dès l'enfance, et peut-être même encore plus que chez l'aîné. Mais c'est souvent chez les personnes âgées que les dégâts s'annoncent, alors qu'ils auraient dû être prévenus bien en amont ! C'est que les aînés sont généralement sous traitement médical, souvent contre l'hypertension justement. Et plus généralement, le sel en excès « fatigue » les reins, qui ont déjà fort à faire pour filtrer et éliminer les résidus de médicaments.

À retenir : il est illogique de prendre un traitement pour faire baisser la pression artérielle tout en continuant à manger trop salé. Ce serait comme de faire venir les pompiers pour évacuer l'eau d'une maison inondée tout en versant directement sur le sol une carafe pleine, chaque jour.

Pourquoi les enfants ne doivent pas manger trop salé ?

Parce que c'est au plus jeune âge que l'on constitue son capital vasculaire, celui qui, plus tard, fera que l'on souffrira (ou pas) d'hypertension artérielle, d'ostéoporose, de syndrome métabolique (diabète + hypertension…). Cette période insouciante conditionne en plus nos habitudes alimentaires pour le reste de notre vie. Autrement dit, si l'on mange trop salé petit, il y a tous les risques que l'on mange trop salé ensuite.

À ce sujet, un constat intéressant : le salé n'est pas un goût attirant pour le bébé, qui ne manifeste d'intérêt que pour le sucré et le gras*. C'est un goût acquis et non inné : si on n'habitue pas l'enfant au sel, il n'en cherchera pas, ou moins, plus tard. Le lait maternel étant particulièrement peu salé, bébé est habitué à cette « fadeur » naturelle. Il ne fait pas non plus la grimace lorsqu'il mange ses petits pots, jugés « fades » par les adultes (la législation est très stricte concernant le sel dans les aliments pour enfant). C'est donc ensuite que l'on « apprend à aimer le sel », jusqu'à ne plus pouvoir se passer de la salière sur la table. Pensez à la santé de votre enfant, ne lui donnez pas d'aliments trop salés !

À retenir : il est crucial de ne pas habituer les enfants à manger trop salé... ni trop sucré, ni trop gras ! Contrôler l'apport en sel fait partie de l'hygiène alimentaire qu'il est important d'apprendre tout petit.

Pourquoi les adultes ne doivent pas manger trop salé ?

Parce que manger trop salé, c'est manger trop, boire trop (surtout des boissons sucrées ou alcoolisées), et c'est abîmer petit à petit son squelette et ses artères.

---

* Opaline, étude évaluant les préférences alimentaires chez les enfants, menée par les chercheurs du Centre des sciences du goût et de l'alimentation (CSGA).

Résultat, on se fragilise et/ou on prend du poids, et arrive un moment où la fragilité devient faille, puis problème, puis accident. Les ethnies noires ou asiatiques doivent faire spécialement attention car elles sont génétiquement plus sensibles au sel. Même chose pour les diabétiques, les personnes en surpoids (a fortiori les obèses), ainsi que celles issues de familles « hypertendues ».

À retenir : il n'est jamais trop tard pour commencer à manger moins salé... Il n'est jamais trop tôt non plus. Plus jeune vous limiterez le sel, mieux ce sera pour votre santé.

Le sel dans notre assiette

Vous êtes désormais convaincu de l'intérêt de manger moins salé. Mais comment faire ? Par où commencer ? C'est très simple. Il suffit de :
1. *ne plus utiliser de salière,* ni à la maison ni au restaurant,
2. *limiter certains aliments,*
3. *faire de ce livre votre carnet de route* quotidien et l'utiliser en cuisine comme « coach nutritionniste ».

Tout ce qu'il faut savoir pour protéger son cœur en mangeant moins salé

D'où vient le sel que nous consommons ?

✓ 10 % se trouve naturellement dans les aliments (légumes, viandes et poissons, lait…).

✓ 10 % est ajouté pendant la préparation des aliments, la cuisson et/ou directement sur l'assiette au moment de manger.

✓ 80 % est du sel « caché » dans les produits transformés industriels.

À retenir : arrêter la salière est un bon début. Mais c'est insuffisant car, contrairement aux idées reçues, la majorité du sel que nous consommons vient d'aliments divers et variés industriels, et non de la salière !

POURQUOI ET COMMENT DIFFÉRENCIER LE SEL ET LE SODIUM ?

Ce qui pose problème, ce n'est pas vraiment le sel, mais le sodium. Pour simplifier, on parle de sel parce que c'est plus facile à quantifier, et que le sel est le vecteur quasi exclusif du sodium. Le sel est constitué de sodium (Na) et de chlore (Cl). Sur les étiquettes des aliments, vous rencontrerez généralement « sodium » (ou Na) car c'est ce qu'il importe de mesurer (et de restreindre).

Les chiffres à retenir

Ce qu'il faut savoir : 1 g de sel = 394 mg de sodium. Pour arrondir, on dit que 1 g de sel contient 0,4 g de sodium.

Ce qui est généralement indiqué sur les étiquettes : 1 g de sodium = 2,54 g de sel. Pour arrondir, on multiplie par 2,5 la quantité de sodium/100 g pour aboutir à la quantité de sel/100 g. Par exemple, si un aliment annonce qu'il apporte 2 g de sodium/100 g, il apporte donc 5 g de sel.

À retenir : quand vous êtes face à une étiquette qui ne mentionne que le sodium, voici comment calculer l'équivalent sel : teneur en sodium x 2,5.

	Teneur en sel* (en g)	Teneur en sodium (en g)
Boulangerie		
¼ de baguette de pain	0,975	0,390
1 sandwich jambon	2,750	1,100
1 part de quiche, pizza, tarte salée	1,875	0,750
1 croissant (50 g)	0,615	0,246
Fromages		
1 part de camembert (30 g)	0,600	0,240
1 part de roquefort (25 g)	1,000	0,400
1 part de gruyère (30 g)	0,165	0,066
Charcuteries		
1 tranche de jambon blanc (50 g)	1,095	0,438
1 tranche de jambon cru (30 g)	1,138	0,455
5 tranches de saucisson (50 g)	2,625	1,050
Boissons		
1 verre d'eau minérale (150 ml)	0,475	0,190
1 verre de jus de tomate	0,235	0,094
1 tasse de soupe (déshydratée)	2,200	0,900

→

	Teneur en sel* (en g)	Teneur en sodium (en g)
Biscuits salés et sucrés		
1 bol de chips (30 g)	0,413	0,175
4 biscuits type « petits beurres » (30 g)	0,375	0,150
Céréales		
1 bol de flocons de maïs (50 g)	1,250	0,500
1 bol de muesli (50 g)	0,313	0,125

* Rappel : l'OMS recommande de ne pas dépasser 5 g de sel/jour.

Comment manger facilement moins de sel ?

En préparant soi-même à manger, car 80 % du sel que nous consommons sont intégrés dans les produits industriels.

Quels sont les aliments à limiter et ceux à privilégier ?

Tous les aliments au goût salé renferment du sel ; c'est facile de les reconnaître. Mais méfiez-vous des aliments dont le goût sucré domine, comme le lait concentré sucré : ils renferment tellement de sucre que ce dernier masque le sel, pourtant bien présent ! (Voir « Les aliments à surveiller », annexe 2 p. 207.)

La liste noire des aliments beaucoup trop salés ☹	Les aliments pauvres en sel, à privilégier ☺
• Sel fin, sel de mer, tous sels (aromatisés, aux herbes, sel rose, noir…) • Bouillon en cube et autres aides culinaires • Sauce soja, nuoc-mâm • Poissons en conserve (surtout anchois) • Olives noires ou vertes • Saucisson et charcuteries en général (dont terrines) • Saucisses • Choucroute préparée • Caviar, œufs de lompe • Jambon (surtout fumé ou cru) • Fromages fondus et roquefort • Fromages en général • Poissons fumés • Biscuits apéritifs • Ketchup et autres sauces (vinaigrettes, mayonnaise, moutarde…) • Céréales pour petit déjeuner (en général)	• Tous les légumes (non préparés, cuits vapeur au naturel), surtout les champignons, les pommes de terre, les épinards, les endives, le maïs, les courgettes • Les légumes secs (lentilles, pois…) à préparer soi-même (pas les boîtes !) • Les épices • Les produits laitiers nature (type yogourt au lait demi-écrémé, ou fromage blanc) • Tous les fruits (au naturel, toujours), surtout les mirabelles, le melon, les bananes, les pamplemousses, le cassis, les pommes • Toutes les huiles (olive, colza…)

→

La liste noire des aliments beaucoup trop salés ☹	Les aliments pauvres en sel, à privilégier ☺
• Tous les plats préparés industriels, aux rayons conserves, frais ou surgelés (soupes, quiches, pizzas, friands, tourtes, viandes et poissons panés, crêpes salées, hamburgers, tous les légumes préparés – pommes de terre, galettes de légumes, etc.) • Les pains au chocolat, croissants, chaussons aux pommes, la plupart des biscuits (plus ils sont secs, plus ils sont salés)… • De nombreux pains (même du boulanger) • Certaines eaux minérales gazeuses • Lait concentré sucré	• Les amandes, noix, noisettes (nature !) • La farine, les pâtes, le riz non préparés • Les boissons au naturel (thé, jus de fruits pressés, etc.) • Le pain et les biscottes sans sel • Le veau et la volaille • Tous les poissons frais ou congelés au naturel (pas les boîtes ni les préparations)

Attention : un aliment peu salé peut devenir une bombe de sodium si vous dégainez la salière à tout bout de champ. Une soupe maison, un gratin ou des lentilles trop salés, c'est vite arrivé. Alors manger beaucoup de légumes, c'est bien… mais si c'est pour les saler outrageusement, c'est beaucoup moins bien !

Manger sans sel, c'est triste et fade ?

Non ! Ce livre est une magnifique illustration gourmande et pratique du célèbre proverbe « un de perdu, dix de retrouvés ». Une salière au placard, 10 et même 100 façons de la remplacer avec des aromates et autres épices. Tout un voyage gustatif à prévoir, ô combien plus intéressant que la pincée de sel au goût chloré que vous jetez sans même y penser sur chacune de vos assiettes, tous les midis et tous les soirs. Ajouter du sel sur un plat relève plus de l'habitude que d'autre chose. Vos sens méritent mieux que cela !

Manger sans sel, cela s'apprend ?

Oui ! Supprimer la salière est une chose, cuisiner et manger moins salé en est une autre, autrement plus complexe. Il est indispensable de bien choisir ses aliments, d'apprendre à les marier, et surtout de miser sur la qualité. Un produit médiocre n'a pas de goût, on aura naturellement tendance à le saler plus que de raison pour qu'il « passe ». Au contraire, un poisson goûteux, une lentille croquante, un œuf digne de ce nom sont riches en nuances gustatives qu'il serait dommage d'appauvrir sous le sel.

À retenir : lorsque vous apprenez que vous devez manger « sans sel » ou « moins salé », le ciel peut vous tomber sur la tête. « J'arrête le sel, d'accord, mais est-ce que je peux manger de la moutarde ? du chocolat ? » Une vraie éducation nutritionnelle est à faire. Mais c'est facile, ça s'apprend vite, tout est dans ce livre. Et bientôt vous vous direz : « Je mangeais vraiment des choses sans savoir ce que j'avalais, avant ! » Sans devenir nutritionniste, c'est quand même important d'être conscient de ce que l'on met dans son corps, non ?

LES SELS AROMATISÉS ET LES SELS « DE LUXE » SONT-ILS PRÉFÉRABLES AU SEL CLASSIQUE ?

Sel de l'Himalaya, d'Hawaï, de Bayonne, de Guérande, d'Algarve, sel noir, bleu de Perse, ils sont peut-être meilleurs au goût (question de papilles individuelles) et renferment souvent davantage de minéraux intéressants pour la santé, mais ils sont globalement tout aussi salés. Il n'est donc pas question de remplacer le sel « normal » par un sel « de luxe » si l'on veut manger moins salé. D'ailleurs, tous les sels sans exception se valent (sur le plan de l'apport en sodium en tout cas) : gros sel pour la cuisson, sel fin pour la table, iodé, fluoré ou non... Certes, selon l'endroit où il est récolté, il renferme davantage de potassium (sel de cendres végétales de Haute Volta – cas particulier !), de natron (sel de terre du Niger), de fer ou de magnésium (sel minéral), de charbon actif (Hawaï) car le sel dépend de la géologie et de la toponymie... Mais ça ne change pas le fond du problème !

Chacun peut mettre en avant ses différences, y compris de présentation (fleur de sel, billes, diamants de sel...), mais n'oubliez jamais qu'ils ont tous un point commun, à quelques nuances près : celui d'être constitué environ pour 50 % de sodium et pour 50 % de chlorures. Donc de sel.

À retenir : ne consommez aucun sel, sous aucune forme. Sel de luxe = sel quand même !

Existe-t-il des produits qui salent, mais moins ?

Certaines personnes cherchent surtout à remplacer le sel blanc, industriel, raffiné, enrichi en iode et en fluor, dépourvu de ses autres minéraux d'origine, par du sel plus naturel, proposant une plus grande palette de minéraux, et pas d'iode ni de fluor ajoutés industriellement. Dans cette optique, plusieurs produits, pour la plupart disponibles en boutique bio ou au rayon diététique des grandes surfaces, peuvent être utilisés à la place du sel pour « saler moins » ou « différemment ». Si vous voulez manger moins salé, n'hésitez pas à les goûter, certains étant de véritables références santé et plaisir, comme le gomasio (nous sommes très fans !). Ces produits restent néanmoins interdits aux personnes qui suivent un régime strictement sans sel, aussi vous ne les retrouverez pas dans nos recettes.

4 sels... moins salés !

Comme il y a des édulcorants naturels pour remplacer le sucre raffiné (blanc), par exemple le miel ou le sirop d'érable, il existe des « salants naturels » pour remplacer le sel raffiné (blanc).

Sels solides

- **Les sels aromatisés** (au thé vert, aux légumes, aux algues, rouge à l'argile, au citron, au wasabi, à la truffe, sel de céleri, fumés...)

Leur + : c'est toujours le même principe quel que soit l'aromatisant : autant de sodium en moins remplacé par ici du thé vert, là du gingembre, là des légumes méditerranéens ou des épices, là de l'argile, ici de la poudre de céleri-rave. Mais ce n'est pas une raison pour en mettre plus. Par exemple, pour le sel au céleri, il y a dans le flacon 80 % de sel et 20 % de céleri.

• **Le gomasio** (sésame grillé au sel marin)
Son + : sa texture est à la fois moelleuse et croquante, c'est une excellente façon de « saler » tout en profitant des bienfaits des graines de sésame (bons gras, fibres, flavonoïdes protecteurs...). On peut acheter son gomasio tout prêt ou le faire soi-même : il suffit de faire chauffer 100 g de graines de sésame dans une poêle chaude (sans matière grasse). On pilonne dans un mortier (surtout pas au mixeur, et pas trop longtemps sinon on obtient de la pâte, puis de l'huile), on ajoute 6 g de sel, on mélange bien, on met le tout dans un bocal en verre, et on utilise à chaque repas sur les plats, salades, crudités, etc.

Sels liquides
• **Le sel liquide**
Son + : pour un même goût salé, ce produit renferme moins de sodium. En effet, si 1 g de sel apporte 40 % de sodium, 1 g de sel liquide en apporte seulement 8 %. Un bon moyen de diviser par 2 voire 3 sa consommation de sodium ajouté sur les plats. Il existe en spray pour les plats familiaux (4 pulvérisations = 78 mg de sodium) ou en salière goutte à goutte pour les assiettes individuelles.

- **La sauce soja et le tamari**

Leur + : préparées à base de soja fermenté, donc très digestes et très aromatiques, ces sauces sont typiquement asiatiques. On peut les choisir plus ou moins salées, certaines étant carrément très, très salées, et d'autres vraiment... pauvres en sodium (4 %). Sympa pour parfumer, donner une touche exotique, surtout si on ajoute des épices dans la recette. À savoir : le sel au sein d'un produit fermenté végétal, qu'il s'agisse comme ici de sauce soja ou bien de vinaigre ou encore de légumes lactofermentés (cornichons, pickles...) serait nettement préférable, selon la philosophie macrobiotique (yin-yang), le sodium serait ainsi mieux assimilé et moins nocif pour le corps. Remarque : contrairement aux idées reçues, le nuoc-mâm est à base de poisson et non de soja, c'est un produit fermenté aussi, mais pas d'origine végétale.

Peut-on remplacer le sel par du bicarbonate de sodium ?

Non. D'une part le bicarbonate n'a qu'un pouvoir salant médiocre (il est plutôt amer), d'autre part il est constitué de bicarbonate mais aussi... de sodium ! À ce titre, il reste déconseillé aux personnes suivant un régime sans sel. Enfin, le bicarbonate est utilisé temporairement pour calmer des acidités gastriques car il tamponne l'acidité de l'estomac. C'est très bien ponctuellement, cela soulage vraiment, mais il n'est pas question de le consommer dans ce but au quotidien. Si l'estomac est très acide, il y a une raison : c'est indispensable pour que la digestion se déroule bien (et vite) et que les éventuels microbes dans les aliments soient tués. Donc, pas de bicarbonate de sodium chaque jour !

À retenir : ne consommez pas de bicarbonate à la place du sel. Déjà, le goût ne sera pas satisfaisant, ensuite, le « gain » en sodium sera faible. Enfin, vous risquez, à force, des troubles digestifs.

QUE PENSER DES GAMMES DE PRODUITS INDUSTRIELS DIÉTÉTIQUES « SANS SEL » ?

Certaines marques proposent des gammes de produits « sans sel ». On les trouve principalement en boutique diététique, sur Internet ou au rayon diététique des supermarchés. Biscuits, biscottes, bouillons, chips, condiments, boîtes de conserve (thon...), sauces, mayo, jambon, pâté, concentré salin liquide... tout ce qui est habituellement « interdit » dans le cadre d'un régime sans sel, en somme. Qu'en penser ? Certaines personnes sont déçues car elles s'attendent à retrouver le goût des produits habituels, ce qui n'est évidemment pas le cas. Par ailleurs, avoir un ou deux produits de ce style à la maison, pourquoi pas, mais fonder ses repas sur eux n'est pas une solution : on est loin d'une alimentation saine, vitaminée, agréable, parfumée, riche en fruits et légumes et protectrice pour le cœur. Or, c'est tout de même l'objectif à atteindre ! Donc, pourquoi pas en dépannage, mais sinon... Cela dit, c'est une bonne idée pour s'approvisionner en « bases » comme les bouillons sans sel.

PEUT-ON REMPLACER LE SEL PAR DU « FAUX SEL » ?

Oui et non. Ces « faux sels », vendus en pharmacie, en boutique diététique ou au rayon diététique des supermarchés, sont à base de « sels de calcium » ou de « sels de potassium »* (et non de « sel de sodium »). Ils sont à utiliser sur conseil du médecin car un usage prolongé, sur le long terme, sans avis médical reste hasardeux. Et dans tous les cas, on peut vraiment faire sans !

À retenir : ne consommez pas de « faux sel » sans avis médical. Surtout si vous êtes sous dialyse !

QUE SIGNIFIE LA MENTION « SANS SEL », « PAUVRE EN SODIUM » ET « MOINS SALÉ » SUR UNE ÉTIQUETTE ?

« *Sans sel* » *:* le produit renferme maximum 5 mg de sodium (soit 12,5 mg de sel). C'est très bien !

« *Pauvre en sodium* » *:* le produit renferme maximum 200 ou 300 mg de sel aux 100 g. 10 % des apports quotidiens maximum. C'est bien !

« *Moins salé* » *:* la recette contient « moins de sel » (en général : 25 %) que son équivalent classique. Un

---

* Ils ne renferment pas que ça ! Voici la liste d'ingrédients de l'un de ces produits, pris au hasard : « chlorure de potassium, maltodextrine de blé, exhausteurs de goût : glutamate de calcium, acide adipique, acide glutamique, antiagglomérant : carbonate de magnésium. » Honnêtement, vous ne préférez pas une pincée de curcuma ou de cumin ?

vrai piège, car cela peut laisser penser que le produit renferme peu de sel. En réalité, des chips « moins salées » et du jambon « moins salé » restent très, très salés. Attention !

À retenir : ce n'est pas parce qu'un produit renferme moins de sel qu'il est forcément bon pour la santé. Ne vous laissez pas abuser par ces tours de passe-passe marketing.

J'AI GOÛTÉ LES PETITS POTS DE MON BÉBÉ, JE LES TROUVE FADES. PUIS-JE RAJOUTER DU SEL ?

Surtout pas ! Ces produits sont spécialement conçus pour les bébés. Il est extrêmement important que ces derniers mangent peu salé car leurs reins ne sont pas matures. D'ailleurs, les tout-petits ne les trouvent pas du tout fades, ces petits pots : ils ne font pas la grimace !

De 0 à 6 mois : bébé a besoin de 1 g de sel/jour, il le trouve dans le lait de sa maman (ou de son biberon).

De 7 à 12 mois : toujours 1 g de sel/jour, qu'il trouve toujours dans son lait et dans ses « nouveaux aliments spécifiques pour bébés » (petits pots ou préparations maison toujours sans sel).

De 1 an à 3 ans : les tout-petits ont besoin de 2 g de sel/jour, ce qui est encore très peu. Limitez au maximum le sel et les aliments salés. Si vous préparez vous-même à manger, ne salez pas l'eau de cuisson des légumes, ni le plat final. Même si vous, vous le trouvez fade. Évitez absolument de lui donner des aliments très salés qui n'apportent vraiment rien de bon (chips, fromage, lardons…) !

---

5 idées pour assaisonner les plats des petits

1. Potage de courgette + une pincée de curry
2. Carottes râpées + une pincée de cumin en poudre
3. Purée de carotte + une pincée de ciboulette ciselée
4. Coquillettes + une pincée de muscade en poudre
5. Riz + une pincée de paprika

À retenir : il ne faut jamais donner d'aliments salés à un bébé. En particulier, ne lui faites pas goûter ce que vous mangez, vous, en mini-portions !

Des dizaines d'astuces pour manger moins de sel (et plus de goût)

Nous avons réuni ici de nombreux astuces et conseils pratiques pour manger moins de sel (mais plus de goût !) à chaque bouchée.

51

18 RÉFLEXES POUR MANGER MOINS DE SEL

1. *Arrêtez complètement les plats préparés* (tous types, toutes marques).
2. *Méfiez-vous des sandwichs.* Déjà, le pain apporte son lot de sel, mais que dire de la mayonnaise, de la charcuterie, du fromage, du jambon... que des mines de sodium. Et on ne parle même pas des cornichons.
3. *N'ajoutez pas de sel dans l'eau de cuisson* (pâtes, riz, légumes...), de toute façon il la ralentit souvent et fait durcir certains aliments (lentilles...).
4. *Ne posez pas la salière sur la table.* Cela vous empêchera d'en manger, et de même pour les autres personnes de votre foyer. Ce n'est pas une punition, mais de la prévention.
5. *Goûtez avant de saler* ou, mieux, d'aromatiser avec des épices, des herbes, du jus de citron...
6. *Trompez vos papilles* en ajoutant des dés de fruits frais (ananas, pomme, raisin...) ou secs (raisins, canneberges...) dans vos salades vertes, crudités ou plats mijotés : désorientées, elles ne cherchent plus la saveur salée.
7. *Faites attention aux sauces* en général (sauf celles de ce livre !), toutes sont salées voire hypersalées.
8. *Préférez les viandes grillées* (qui concentrent les saveurs donc font oublier la salière) aux viandes bouillies (qui perdent leurs sels minéraux dans l'eau et deviennent fades).
9. *Misez sur les légumes naturellement forts en goût :* betterave, choux, céleri...
10. *Optez pour les poissons forts en goût :* saumon, maquereau et autres poissons dits « gras ».

11. *Préparez vos desserts* systématiquement sans sel : zappez la pincée préconisée dans la recette.
12. *Si vous mangez un aliment hypersalé* (chips, olive), cantonnez-vous à une mini-portion. Trois cacahuètes « pour le goût » ou deux chips ne poseront pas de problème ; une poignée entière, c'est la catastrophe.
13. *Méfiez-vous des boissons salées.* Jus de tomate, eaux pétillantes... : les traîtres !
14. *N'achetez aucun produit instantané* (boisson, soupe, crème dessert, préparation pour flan, pâtisserie...), repas minute/repas express et compagnie.
15. *Rincez systématiquement tout aliment* (légume, fruit...) sorti d'une boîte de conserve.
16. *Non aux grosses portions.* Un petit pain, un petit peu de sel. Beaucoup de pain, beaucoup de sel.
17. *Soyez aventureux.* Vous avez toujours mangé vos pâtes avec du beurre et du sel ? D'accord. Pour une fois, essayez avec du basilic et de la muscade. Même chose pour tous les aliments de base (voir p. 64 pour les meilleures combinaisons sans sel super-magiques).
18. *Et prenez ces bonnes habitudes* une fois pour toutes... !

☹ Ne mangez pas ça ! →	☺ Mangez plutôt ça !
Plats et préparations	
Soupe du commerce. →	Soupe 100 % maison.
Saumon fumé. →	Saumon frais.
Boîte de maquereau. →	Maquereau frais au four.
Viande fumée. →	Abats, viande grillée...
Tortilla, œuf en gelée, œuf brouillé (hôtels). →	Œuf coque, mollet, dur, omelette non salée.

☹ Ne mangez pas ça ! →	☺ Mangez plutôt ça !
Assaisonnements & grignotages	
Fromage râpé sur les gratins. →	Levure maltée, poudre d'amande.
Moutarde dans les vinaigrettes. →	Herbes fraîches ciselées, pointe de cumin, de curry ou de paprika, gingembre frais râpé.
Sel sur la viande. →	Poivre ou baies roses fraîchement moulus.
Tapenade/purée d'anchois. →	Purées de légumes maison (voir nos recettes).
Bouillon en cube ou sel dans l'eau de cuisson. →	Huile d'olive, herbes, bouillon de légumes maison sans sel ajouté.
Biscuits salés apéritifs. →	Bâtonnets de crudités
Sel ajouté sur une salade de crudités. →	Graines germées, graines oléagineuses (pavot, sésame, lin, millet…), graines de moutarde, dés de fruits frais (mangue, ananas, pomme…), noix de coco râpée.
Sel ajouté sur des légumes verts vapeur. →	Amandes effilées dorées à sec dans une poêle antiadhésive, herbes ciselées, paillettes de germe de blé, graines de kasha, concassée de tomate (maison)…

54

6 MARINADES & 17 VINAIGRETTES : MES ASSAISONNEMENTS MAGIQUES !

Oubliez les sauces toutes prêtes du commerce. Salées, elles sont aussi onéreuses… Faites d'une pierre, deux coups, et économisez à la fois du sodium… et de l'argent.

Marinades	Avec quoi ?
Marinade à la provençale 2 gousses d'ail + 2 c. à soupe d'huile d'olive + 1 c. à thé de poudre de tomate + 1 c. à thé d'herbes de Provence + poivre.	Poulet, émincé de porc, agneau, aiguillettes de bœuf.
Marinade au romarin et aux baies roses 1 c. à thé de romarin + 2 c. à soupe de baies roses + 6 c. à soupe d'huile d'olive.	Aiguillettes de canard, escalopes de veau, côtes de porc.
Marinade à l'orange 8 c. à soupe de jus d'orange + 1 c. à soupe de jus de citron + 4 c. à soupe d'huile d'olive.	Dinde, poulet, cubes de poisson blanc ou de saumon.
Marinade à l'ail 2 gousses d'ail pelées et pressées + 2 c. à soupe de jus de citron + 4 c. à soupe d'huile d'olive + 1 pincée de cumin en poudre + ½ c. à thé de paprika + 1 c. à soupe de coriandre ciselée.	Poulet, dinde, aiguillettes de bœuf, cubes d'agneau, côtes de porc.

→

Marinade au balsamique 2 c. à soupe d'huile d'olive + 2 c. à soupe de vinaigre balsamique + 2 c. à soupe de sirop d'érable + 1 gousse d'ail pelée et pressée + poivre.	Aiguillettes de porc ou de poulet, gigot d'agneau, travers de porc.
Marinade à la libanaise Le jus de 1 citron + 2 gousses d'ail pelées et pressées + 4 c. à soupe d'huile d'olive + 1 c. à thé de sumac + 1 c. à thé de thym.	Aiguillettes de poulet, cubes de poisson.
Vinaigrettes	**Avec quoi ?**
Vinaigrette à l'échalote 2 c. à soupe d'huile d'olive + 4 c. à soupe de vinaigre de vin blanc + 1 petite échalote pelée et émincée + poivre.	Poireaux, betteraves, tomates, haricots verts, salade verte.
Vinaigrette à la ciboulette 2 c. à soupe d'huile d'olive + 4 c. à soupe de vinaigre de vin rouge + 2 c. à soupe de ciboulette ciselée + poivre.	Haricots verts, salade verte, avocats, poivrons grillés.
Vinaigrette à l'aneth ½ tasse de yogourt + 1 c. à thé de graines de moutarde + 2 c. à soupe de jus de citron + 2 c. à soupe d'huile d'olive + 1 c. à thé d'aneth ciselé.	Concombre, radis coupés en tronçons, poireaux, betteraves, salades de riz, de pâtes, de pommes de terre.
Vinaigrette onctueuse au citron 1 jaune d'œuf dur écrasé + 3 c. à soupe de jus de citron + 1 c. à thé de zestes de citron râpés + 2 c. à soupe de fromage blanc + poivre.	Céleri râpé, asperges.

Vinaigrettes	Avec quoi ?
Vinaigrette à l'huile de noix 3 c. à soupe d'huile de noix + 5 c. à soupe de vinaigre balsamique blanc (ou 3 de vinaigre balsamique classique + 2 de jus de citron) + poivre.	Betterave, salade verte, mâche, poireaux, brocoli.
Vinaigrette au lait de coco 2 c. à soupe de jus de citron + 1 c. à thé de gingembre frais râpé + 6 c. à soupe de lait de coco.	Chou-fleur, poireaux.
Vinaigrette au wasabi 2 c. à soupe de vinaigre de riz + 1 c. à thé rase de pâte de wasabi (à base de poudre maison*) + 4 c. à soupe d'huile d'arachide.	Carottes râpées, avocat, concombre.
Vinaigrette asiatique piquante 1 pointe de couteau de piment de Cayenne + 4 c. à soupe d'huile d'arachide + 3 c. à soupe de vinaigre de riz.	Poireaux, carottes râpées, chou blanc émincé.
Vinaigrette au sésame 4 c. à soupe d'huile de sésame + 8 c. à soupe de vinaigre de riz + 1 c. à thé de graines de sésame + 1 c. à soupe de ciboulette ciselée.	Chou chinois, carottes râpées, salade de riz.
Vinaigrette thaïe 6 c. à soupe d'huile de sésame + 4 c. à soupe de jus de citron vert + 1 c. à thé de gingembre frais râpé.	Haricots verts, chou blanc émincé, poireaux, salade de riz.

→

* Les pâtes wasabi en tube du commerce contiennent du sel ajouté, attention !

Vinaigrettes	Avec quoi ?
Vinaigrette persillée 2 c. à soupe de vinaigre de Xérès + 4 c. à soupe d'huile d'olive + 1 c. à soupe de persil ciselé.	Salade verte, tomates, haricots verts, asperges, avocats.
Vinaigrette au gingembre 2 c. à soupe de vinaigre de cidre + 1 c. à soupe de gingembre frais râpé + 5 c. à soupe d'huile d'olive + poivre.	Avocats, tartare de saumon.
Vinaigrette au basilic 4 c. à soupe d'huile d'olive + 1 c. à soupe de vinaigre de vin blanc + 2 c. à soupe de basilic ciselé + poivre.	Tomates, courgettes grillées, aubergines grillées.
Vinaigrette à la tomate 1 tomate épépinée et coupée en tout petits dés + 3 c. à soupe d'huile d'olive + 5 c. à soupe de jus de citron + 1 c. à soupe de coriandre ciselée.	Salade de haricots verts, salade verte, chou-fleur, brocoli, courgettes et aubergines grillées.
Vinaigrette crémeuse à la noix ½ tasse de yogourt + 2 c. à soupe d'huile de noix + 1 noix décortiquée coupée en tout petits éclats + poivre.	Brocoli, chou-fleur, poireaux.
Vinaigrette au pamplemousse 3 c. à soupe de jus de pample- mousse (si possible, ajoutez un peu de pulpe que vous aurez grattée à l'intérieur de l'écorce à l'aide d'une petite cuillère) + 4 c. à soupe d'huile d'olive + 1 c. à thé de ciboulette ciselée.	Salade de quinoa, betterave, dés de poisson cru.

→

Vinaigrettes	Avec quoi ?
Vinaigrette crémeuse à l'ail et à la ciboulette 4 c. à soupe bombées de crème allégée + 1 gousse d'ail pelée et pressée + 1 bonne c. à soupe de ciboulette ciselée + poivre.	Salades de riz, de pâtes, de pommes de terre, concombre.

À PROPOS DU RÉGIME DASH

Le régime DASH (*Dietary Approaches to Stop Hypertension*) est un modèle alimentaire « antihypertension ». Testé et validé scientifiquement, DASH est reconnu par les instances médicales les plus strictes telles que l'American Heart Association. Il est basé sur des aliments à teneur réduite en sel, mais aussi riche en végétaux (légumes et fruits frais et secs, noix…), pauvre en graisses, en sucres et en viande. Il se révèle aussi efficace que les médicaments antihypertenseurs (effets secondaires en moins) et nettement plus qu'une simple alimentation « sans sel », probablement parce qu'il aide aussi à perdre du poids (surtout les hommes) et qu'il apporte de nombreuses molécules protectrices et antioxydantes, comme des flavonoïdes et des vitamines. En final, DASH protège le cœur, ce qui est l'effet recherché. C'est pourquoi dans ce livre, nos recettes suivent toutes les recommandations DASH, et ne se contentent pas de baisser la teneur en sel.

Aliment	Portions/jour	Précision
Légumes	*4 à 5 portions* 1 portion = 1 assiette de crudités, 1 bol de légumes, ½ assiette de légumes cuits, 1 grand verre de jus de légumes.	Tous, frais ou surgelés nature. Asperge, concombre, haricot vert, aubergine, potiron, tomate… l'embarras du choix !
Fruits	*4 à 5 portions* 1 portion = 1 fruit moyen (environ 130 g), 1 petit bol de compote/salade de fruits, 1 petit verre de smoothie/ jus frais.	Tous, frais ou surgelés nature. Sans sucre ni artifice (biscuit, glace, coulis de chocolat…) ajoutés.
Céréales (pain, riz, pâtes, quinoa…)	*7 à 8 portions* (dont 3 tranches de pain maximum) 1 portion = 3 à 4 belles c. à soupe de riz ou pâtes cuites, 5 c. à soupe de céréales du petit déjeuner, 2 biscottes, 1 tranche de pain (40 g).	Exclusivement cuits « maison » : pas de conserves, de riz ou de pâtes précuites à réchauffer, ou en sachets à réhydrater. Évitez le pain blanc.
Légumineuses (lentilles, haricots secs…)	*2 portions* *(par semaine)* 1 portion = 5 belles c. à soupe cuites.	Maison, pas en conserve ! On n'ajoute ni lardons ni croûtons !

→

Aliment	Portions/jour	Précision
Produits laitiers (écrémés ou demi-écrémés)	*2 à 3 portions* 1 portion = 1 verre de lait (250 ml), 2 pots de yogourt ou de fromage blanc, 3 petits-suisses, 45 g de fromage maigre.	Préférez le demi-écrémé, et le nature (yogourt fromage blanc…). Plus le fromage est « dur » (affiné), moins il contient d'eau, plus il est salé et calorique.
Poisson, fruits de mer, viande maigre, volaille, œufs	*1 à 2 portions* (dans l'idéal, à 1 seul repas) 1 portion = 90 g de viande ou poisson (cuit).	Attention aux coquillages et crustacés, très salés. Idem pour le blanc d'œuf.
Sauces et huiles	*2 à 3 c. à thé pour les sauces ou 2 c. à soupe d'huile « nature ».*	Huiles d'olive et de colza recommandées. Sauces maison (pas de sauces du commerce, même si allégées).
Noix, graines de sésame, de lin…	*2 portions (par semaine)* 1 portion = 45 g soit 2 c. à soupe de graines, 7 à 8 cerneaux de noix (ou l'équivalent en purée d'amande, de noisette…).	Le Nutella ne correspond pas à 1 portion de noisettes ☺.

15 SOLUTIONS DE RECHANGE AU SEL

1. **La levure maltée.** Pour donner un goût de « fromage » sur les gratins et dans les plats chauds. *Le +* : des protéines végétales !

2. **Le curcuma.** Pour colorer en jaune et parfumer riz, poulet, poisson, légumes. *Le +* : plein d'antioxydants. Super confort digestif !

3. **L'amande en poudre.** Pour « gratiner » au four n'importe quel plat. *Le +* : plein de calcium, de magnésium et de phytostérol anticholestérol.

4. **La panure de biscotte sans sel maison.** Pour enrober les escalopes ! *Le +* : 0 mauvais gras, 0 sel.

5. **Le son de blé.** Il croustille et reste entier dans le pain... *Le +* : super transit intestinal (anticonstipation).

6. **Le gingembre.** Un aller simple pour des destinations lointaines. *Le +* : antimicrobes, digestion optimale ! Antidouleur, aphrodisiaque, anti-inflammatoire... on continue ? Moulu ou frais et râpé, au choix.

7. **Le vinaigre.** Un filet sur une salade, et pas besoin d'huile ni de sel pour donner du relief. *Le +* : antidiabète, antifringales.

8. **L'avocat.** Réduit en purée avec un peu d'ail, de citron ou de piment (au choix), pour remplacer beurre/mayo dans les sandwichs. *Le +* : super protecteur cardiaque et oculaire, super-détox.

⑨ **Les graines germées.** Incontournables sur les soupes chaudes ou froides ainsi que sur les crudités. *Le +* : extra-vitaminées.

⑩ **Les graines de kasha.** Parsemez ces graines de sarrasin grillées sur les crudités ou les plats chauds. *Le +* : il est antihypertension, antidiabète, anticancer.

⑪ **Le cumin.** Parfait avec des carottes ou du chou. *Le +* : antiballonnements.

⑫ **Les graines de moutarde.** Elles remplacent haut la main le sel avec les viandes et le poisson blanc. *Le +* : antimicrobes, anticancer.

⑬ **La poudre de tomate.** À découvrir en magasins bio, au rayon « épices ». Une sorte de ketchup en poudre, ultra-parfumé, idéal sur les pâtes, le riz... *Le +* : des antioxydants protecteurs.

⑭ **Le citron.** Même usage que le vinaigre. Une petite bouteille dans le placard, c'est hyper-pratique ! *Le +* : bonus de vitamine C et de flavonoïdes, bon pour la circulation et le tonus. Détox, détox !

⑮ **Le poivre.** Il trône à côté de toutes les salières sur les tables des restaurants, cantines... Facile à trouver ! Chez vous, préférez un tour de poivre du moulin, infiniment plus aromatique et goûteux que le poivre moulu. *Le +* : il facilite la digestion.

100 IDÉES POUR ASSAISONNER AUTREMENT VOTRE ASSIETTE

Sans forcément se mettre aux fourneaux, on a parfois juste envie d'une simple assiette de pâtes fumantes ou d'une petite salade de tomates vite faite. Comment l'assaisonner sans un grain de sel ? La réponse dans ce merveilleux tableau qui a réponse à tout ! Selon vos envies, choisissez parmi les suggestions !

Aliment et ses assaisonnements super-magiques	
Agneau	Cumin, miel (gigot au four), herbes de Provence, gousses d'ail piquées dans la chair.
Asperge	Zestes d'orange, huile d'olive, citron.
Aubergine	Ail, cumin, citron, ciboulette, noix de coco râpée.
Avocat	Ciboulette, coriandre, citron, graines germées.
Betterave	Livèche, persil, ciboulette, ail pressé, cumin, huile d'olive, citron.
Brocoli	Amandes effilées.
Calamar	À la plancha, mariné avec ail, citron, persil, huile d'olive.
Canard (magret)	Poivre vert, baies roses.
Carotte râpée	Citron, huile d'olive, gingembre frais râpé, graines de coriandre, coriandre fraîche, vinaigre de riz, citronnelle, cerfeuil.

→

Aliment et ses assaisonnements super-magiques	
Carotte vapeur	Cumin, ciboulette, huiles d'olive/de noix, persil, coriandre fraîche, estragon.
Céleri râpé	Fromage blanc + jus de citron, ciboulette, ail, huile d'olive, vinaigre.
Champignon cru (de Paris)	Citron, ciboulette, huile d'olive.
Champignon cuit (poêlé)	Ail, persil, ciboulette.
Chou de Bruxelles	Noisette de beurre, levure maltée, graines de cumin, de moutarde, crème de soja.
Chou cru (en salade)	Huile de sésame + vinaigre de riz, graines de sésame.
Chou-fleur	Crème de soja*/crème classique, curry, graines de kasha, amandes effilées grillées.
Concombre	Sauce au yogourt + aneth, ciboulette ou menthe ciselées, graines de kasha.
Coquille Saint-Jacques/ pétoncle	Graines de sésame, pavot, citron.
Courgette	Cumin, curry, sautées avec ail et persil, vapeur avec de la crème de soja* et du cumin ou du curry, en purée avec de la menthe ou de la coriandre ciselées.
Dinde (escalope)	Baies roses, herbes fraîches ciselées, crème de soja*/crème classique. Cuisson recommandée : avec un peu d'huile dans une poêle pour une saveur grillée qui se suffit à elle-même.

→

Aliment et ses assaisonnements super-magiques	
Épinard cuit	Muscade, crème de soja*.
Épinard cru	Vinaigre balsamique.
Fromage blanc	Herbes fraîches ciselées (toutes !), citron, ail.
Haricot blanc	Cumin (moulu mais aussi en grains).
Haricot rouge	Cumin, piment d'Espelette, concassée de tomate (fraîche).
Haricot vert	Cerfeuil, estragon, ciboulette, persil, ail.
Lentille	Cumin, thym.
Maïs (épi grillé, pas le maïs en boîte)	Noisette de beurre fondu, paprika.
Œuf coque	Curry, pavot, mouillettes de pain (sans sel) et beurre doux.
Omelette	Dés de tomate fraîche, ciboulette, curcuma, graines germées, poudre de tomate.
Œuf plat	Paprika, cumin, sumac, curry, ciboulette.
Œuf dur	Sauce au fromage blanc et aux herbes.
Pâtes	Muscade, poivre, noisette de beurre, huile d'olive, concassée de tomate (fraîche), levure maltée, poudre de tomate.
Poireau (froid)	Huile d'olive, citron, persil, ciboulette, aneth.
Poireau (chaud)	Crème de soja*, cumin (en grains).

→

Aliment et ses assaisonnements super-magiques	
Pois cassé	Crème, noisette de beurre, carvi, thym.
Pois chiche	Cumin, ail, citron, ciboulette, huile de sésame, paprika.
Poisson blanc (colin, cabillaud…)	Toutes les fines herbes fraîches ciselées, huile d'olive, citron, poudre de tomate.
Pomme de terre au four	Crème, ciboulette, poivre.
Pomme de terre vapeur	Aneth, ciboulette, persil, noisette de beurre, filet d'huile d'olive.
Potiron (soupe, purée)	Cumin, curry, jus et zestes d'orange, gingembre frais râpé, lait de coco.
Poulet (vapeur)	Curry, paprika, lait de coco, ciboulette.
Poulet (blanc à la poêle)	Cuisson recommandée : avec un peu d'huile d'olive pour une saveur grillée qui se suffit à elle-même.
Poulet (rôti)	Herbes de Provence, ail, poudre de tomate.
Purée de pomme de terre	Noisette de beurre, huile à la truffe (quelques gouttes suffisent).
Quinoa	Huiles d'olive, de noix, ciboulette, curcuma, curry, paprika, poudre de tomate.
Radis	À la croque dans du poivre moulu, de la ciboulette ciselée.
Riz	Safran, curry, noisette de beurre, grains de cumin ou de fenouil, ciboulette, aneth, basilic, poudre de tomate.

→

Aliment et ses assaisonnements super-magiques	
Saumon cru (carpaccio, tartare...)	Aneth, ciboulette, citron (vert/jaune), baies roses.
Saumon cuit	Aneth, ciboulette, citron, graines de sésame, graines de pavot, coriandre.
Salade verte	Graines de kasha, graines germées, noix, huile de noix, citron, vinaigre balsamique, huiles aromatisées (basilic, tomate...).
Salade composée	Graines germées, huiles et vinaigres aromatisés, graines de kasha, graines de sésame, graines de moutarde.
Soupe de légumes	Trait de crème de soja*, cuillère de crème « classique », lait, herbes fraîches ciselées, amandes effilées grillées (pour les veloutés).
Steak de bœuf	Piment d'Espelette, poivre moulu, graines de moutarde, fondue d'échalote, basilic, ciboulette, persil... Cuisson recommandée : avec un peu d'huile dans une poêle pour une saveur grillée qui se suffit à elle-même.
Steak haché	Poivre, basilic, ciboulette, persil, sauce tomate (maison). Cuisson recommandée : avec un peu d'huile dans une poêle pour une saveur grillée qui se suffit à elle-même.
Tomate crue (en salade)	Poivre, ciboulette, vinaigre balsamique, huile d'olive, basilic ciselé.
Tomate cuite (provençale)	Chapelure maison, herbes de Provence, poivre.

→

Aliment et ses assaisonnements super-magiques	
Tomate (sauce)	Ail, basilic, herbes de Provence, paprika, piment, poudre de tomate (si, si !).
Veau (escalope)	Baies roses fraîchement moulues, crème. Cuisson recommandée : avec un peu d'huile dans une poêle pour une saveur grillée qui se suffit à elle-même.

Ne confondez pas la « crème » de soja (briquettes au rayon bio) avec la sauce soja. Rien à voir !

1 SEMAINE DE MENUS SANS SEL, DU DÉJEUNER AU SOUPER

Les plats en italique correspondent aux recettes de ce livre.

LUNDI « JOURNÉE TOP ANTIOXYDANTE »

⏰ **Déjeuner**
Thé ou café, pain sans sel + beurre doux + miel ou confiture, jus d'orange frais.
⏰ **Dîner**
Velouté de carottes aux épices, Boulettes de viande en sauce tomate, Tartare d'ananas à la coriandre.
⏰ **Souper**
Salade de mâche au kiwi et aux noix, Penne au saumon et aux épinards, yogourt nature + 1 filet de coulis de fruits rouges.

MARDI « JOURNÉE ANTIHYPERTENSION »

◷ **Déjeuner**
Thé ou café, biscottes sans sel + beurre doux + miel ou confiture, jus de grenade.

◷ **Dîner**
Tomates farcies au fromage blanc + basilic + poivre, *Escalopes de veau milanaises,* pomme râpée au miel.

◷ **Souper**
Radis à la croque au poivre, *Dos de merlu au thym,* Wok de légumes, *Infusion de cerises à l'hibiscus.*

MERCREDI « PAS COMME D'HAB »

◷ **Déjeuner**
Thé ou café, pain sans sel + beurre doux + miel ou confiture, 2 clémentines.

◷ **Dîner**
Crudités râpées, Shiratakis* au poulet, courgettes sautées à la poêle + huile d'olive + thym, compote moitié pomme moitié poire sans sucre ajouté.

◷ **Souper**
Gaspacho de betteraves à l'aneth, Pavé de cabillaud aux haricots verts + persil, *Chips zéro,* yogourt nature.

---

* Les shiratakis sont des pâtes de konjac typiquement japonaises. Elles sont ultra-coupe-faim. On les trouve en épicerie japonaise ou (depuis peu) en grandes surfaces. Vous pouvez les remplacer par des spaghettis.

JEUDI « COMME À DJERBA »

⏱ Déjeuner

Thé ou café, biscottes sans sel + beurre doux + miel ou confiture, 1 poire.

⏱ Dîner

Comme de la Harira (soupe de lentilles + oignon + coriandre + persil + poivre), *Filet mignon au cumin et au potiron*, thé vert à la menthe et aux pignons de pin grillés.

⏱ Souper

Fèves à l'orientale, semoule de couscous + sauce tomate*, salade d'orange à vif à la cannelle + eau de fleur d'oranger.

VENDREDI FUSION

⏱ Déjeuner

Thé ou café, flocons d'avoine + lait + cannelle (2 minutes de cuisson), 1 pomme cuite.

⏱ Dîner

Tartare de thon aux avocats et aux radis, *Émincé de dinde aux poivrons*, pain sans sel + *Fromage frais à tartiner à l'ail et aux fines herbes*, 2 belles tranches d'ananas.

⏱ Souper

Poulet au gingembre, poireaux à la crème au curry, banane coupée à la cannelle et à l'extrait de vanille.

---

* Pour un souper léger et 100 % végétal, ne modifiez pas ce menu. En cas de grosse faim, ajoutez une brochette d'agneau ou de poulet.

SAMEDI « AVEC OU SANS AMIS »

⏻ Déjeuner
Thé ou café, biscottes sans sel + beurre doux + miel ou confiture, jus de pamplemousse frais.

⏱ Dîner
Salade de roquette à la nectarine, Pizza, sauce tomate + petits morceaux de blancs de poulet cuits, 3 prunes.

⏲ Souper
Gaspacho original, lasagnes, grosse salade verte + ail + oignon, *Salade de fruits à la verveine* accompagnée de *Mes galettes bretonnes sur mesure.*

DIMANCHE « TRANQUILLE, GILLES »

⏻ Déjeuner
Thé ou café, muesli + lait, ½ mangue.

⏱ Dîner
Jus de tomate, Chips zéro, Rillettes de saumon, Pain aux noix + Sauce salsa, etc.
Grande assiette « brunch » : viande froide, *Mayo légère, Cornichons aux herbes, Pickles, Caviar de courgettes, Boules aux fruits secs…, Gaspacho de pastèque à la menthe.*

⏲ Souper
Salade de haricots verts à l'estragon, Omelette piquante, tagliatelles aux asperges, Fraises au citron et au basilic.

Procurez-vous pour la semaine le « pain sans sel » du petit déjeuner (et des autres repas) à la boulangerie, sur demande au boulanger, ou faites-le vous-même en piochant parmi nos 4 recettes :

✓ pain de mie sans sel (p. 124)
✓ pain au seigle et aux raisins secs (p. 127)
✓ pain aux noix (p. 129)
✓ pain au sarrasin (p. 130)

… délicieux et addictif !

L'abécédaire magique des aliments sans sel

Si vous devez manger « sans sel », c'est probablement parce que vous faites attention à votre pression artérielle, donc à votre cœur. Ou plus simplement parce que vous voulez renouer avec une alimentation « bonne pour la santé ». De « Amande » à « Yogourt » les aliments magiques de notre sélection intègrent ces différents points : antihypertension, diurétiques, anti-cholestérol, super-vitaminés, antioxydants, ils prennent soin de votre santé autant que de vos papilles et de votre silhouette.

Amande, noisette, etc.
(non salées) : super-anticholestérol

Les amandes, noisettes et compagnie sont
extra-pauvres en sodium et extra-riches en
potassium. En plus, de multiples études
ont conclu à leur efficacité anticholestérol. Une façon agréable de protéger son cœur tout en
grignotant sainement !

Oui ☺	Non ☹
Fruits secs nature (rayon fruits et légumes ou pâtisserie).	Fruits secs grillés salés (rayon apéritif).

Ail, échalote, oignon :
les aromates antigonflette

Voilà un trio bien sympathique, aux propriétés
santé démontrées, notamment diurétiques
(parfait pour le cas qui nous occupe). Surtout,
ces messieurs-dames forts en parfum et en goût ont le
talent de faire passer l'envie de sel. Vous les croiserez
dans nombre de recettes de ce livre. Si vous n'avez pas
envie de les éplucher (les oignons et les échalotes vous
font pleurer, l'ail parfume désagréablement vos mains),
achetez-les surgelés. Super-pratiques et irréprochables.

Oui ☺	Non ☹
Ces aromates frais ou surgelés.	Ces aromates incorporés dans des mélanges pour assaisonnement, souvent très salés, ou des préparations ultra-salées, comme la soupe à l'oignon, la sauce à l'échalote ou le fromage à tartiner à l'ail.

Banane : le fruit le plus riche en potassium

C'est le fruit le plus riche en potassium, le minéral qui s'oppose point par point au sodium. Saine, digeste, appréciée de tous, facile à éplucher, c'est en plus un vrai dessert à elle seule tant sa texture est douce. Ajoutez-lui un trait de cannelle pour souligner son caractère et quelques gouttes d'extrait de vanille pour faire oublier son petit côté farineux. Mixée avec un yogourt, elle procure un « milk-shake smoothie » parfait, sans sel bien sûr mais aussi sans sucre et sans gras. Qui dit mieux ?

Oui ☺	Non ☹
Banane fraîche, smoothie, purée, banane au four.	Banane séchée, chips de banane.

Biscottes sans sel : pour un déjeuner qui croustille !

Pour rien au monde vous ne vous passeriez de vos biscottes, que vous trempez dans votre café/chocolat le matin ? Pas de problème. Mais achetez des biscottes sans sel : 30 à 35 g de biscottes classiques apportent 105 mg de sodium. Et nous, on en veut zéro, donc on achète des biscottes sans sel ajouté !

Oui ☺	Non ☹
Biscottes sans sel.	Pains grillés, biscottes et autres toasts classiques.

Café (et thé, infusion) : les boissons garanties sans sodium

Le café, tout comme le thé et les infusions, ne renferme pas de sel. Vous pouvez donc en boire. En plus, diurétique, il aide à éliminer l'eau. Pas mal pour lutter contre la rétention. Cependant, prudence. Si votre médecin vous a mis au « sans sel » pour protéger votre cœur, ce n'est pas la peine de l'exciter avec la caféine, vous risquez d'accélérer votre rythme cardiaque et d'aggraver votre hypertension. Une tasse, 2 par jour maximum, c'est tout. Le thé renferme aussi de la caféine mais moins agressive, c'est mieux.

Mention spéciale pour l'infusion d'hibiscus, aux vertus antihypertension reconnues. Et pourquoi ne pas la préparer aussi en dessert, tant que vous y êtes. Hop ! aussitôt dit, aussitôt fait avec notre recette d'*Infusion de cerises à l'hibiscus* (voir p. 196).

Oui ☺	Non ☹
Café noir nature (avec modération).	Café aromatisé, cappuccino, etc.
Tous thés, toutes tisanes.	Thé en granules.

Eau : attention aux bulles !

La plupart des eaux pétillantes sont trop salées ; mais pas toutes ! Pour compliquer le tout, certaines eaux pétillantes sont très pauvres en sel (moins de 10 mg de sodium/ litre), d'autres au contraire sont extra-riches en... bicarbonate de sodium. Même si certaines études montrent que le bicarbonate de sodium ne se comporte pas comme le chlorure de sodium (« sel ») et qu'il pourrait au contraire contribuer à la santé cardiaque, cela reste du sodium, donc dans le doute... D'autant que ces eaux, utiles pour calmer les brûlures d'estomac et les douleurs musculaires, renferment AUSSI du chlorure de sodium, et pas seulement du bicarbonate.

Plutôt que de vous transformer en petit chimiste et de passer des heures à décrypter les étiquettes, buvez des eaux plates, de l'eau du robinet, ou certaines eaux pétillantes pauvres en sel (il en existe peu). Et si vous envisagez d'installer un adoucisseur d'eau, sachez que le procédé est précisément à base de sodium, donc... pas pour vous.

À retenir : qu'elle soit plate ou pétillante, votre eau doit contenir au maximum 10 mg de sodium (sur l'étiquette : « Na ») par litre, surtout si vous suivez un régime « sans sel ». Lisez les étiquettes, et renseignez-vous sur l'eau qui coule de votre robinet : elle aussi peut contenir du sodium !

TENEUR EN SODIUM DES EAUX MINÉRALES

✓ Mont Roucous, Courmayeur, Vittel Grande Source, Évian, Volvic, Contrex, Saint Antonin, Thonon, Salvetat : moins de 12 mg de sodium/litre.
✓ Perrier, Vittel, Hépar : 14 à 20 mg de sodium/litre.
✓ Badoit : 165 mg de sodium/litre.
✓ Rozana : 493 mg de sodium/litre.
✓ Vichy-Célestins, Vichy Saint-Yorre : 1 265 à... 1 744 mg* de sodium/litre !

---

* Soit + de 4 g de sel !

Oui ☺	Non ☹
Mont Roucous, **Courmayeur (+++),** Vittel Grande Source, Évian, Volvic, Contrex, Saint Antonin, Salvetat, Thonon.	Rozana, Vichy… et toutes les eaux non citées dans la colonne de gauche.

Épices (toutes) : nature, oui, mélangées, attention !

Muscade, anis vert, curcuma, badiane, cumin, poivre, girofle, safran, paprika, baies de genièvre… presque toutes les épices sont recommandées pour « remplacer » le sel et, en plus, certaines ont de vraies propriétés minceur, comme le piment ou la cannelle. En outre, chacune apporte ses propres bénéfices santé. Par exemple l'*anis vert* est sédatif et favorise la digestion, la *badiane* soulage les ballonnements et les troubles respiratoires, le *cumin* lutte contre les gaz intestinaux, le *curcuma* est puissamment antioxydant, anticancer et anti-inflammatoire. Méfiez-vous juste de la *réglisse*, dont l'usage répété au quotidien peut favoriser une hypertension.

En revanche, attention aux poudres de *curry*, ou tandoori, ou tous les mélanges « spécial grillades », « poissons » ou autres. Certains contiennent du sel comme ingrédient à part entière. Étudiez bien les étiquettes avant d'acheter.

Fromage à teneur réduite en sodium : plus de goût, moins de sel

Même frais, leur taux de sodium grimpe à 60 mg/100 g, et on atteint des sommets avec les fromages affinés, qui culminent à 1 600 mg/100 g. En effet, il faut forcément du sel pour faire du fromage, car il intervient à toutes les étapes de fabrication, et assure une qualité sanitaire satisfaisante au produit. Donc, à la maison, ne vous lancez pas dans la fabrication de fromage « fait main » sans sel ! En revanche, nous vous proposons plusieurs recettes bluffantes pour assouvir votre passion du fromage, entre la poire et le dessert. Vous allez faire des envieux.

Vous ne pouvez vraiment pas vous passer de « vrai » fromage ? On en connaît. Rassurez-vous, rien n'est perdu. On peut en trouver en faisant quelques efforts, soit en boutique diététique, soit chez les fromagers, voire au rayon « fromage à la coupe » de certaines grandes surfaces. Précisez votre demande, et dialoguez ; le professionnel pourra vous proposer un fromage entier, par exemple une roue de gouda (car s'il vous vend seulement une part, il risque de ne pas vendre le reste). Rien ne vous empêche alors de le découper en parts et de les congeler, pour les consommer au fur et à mesure. Vous vous habituerez vite à son goût peu salé mais profiterez de sa bonne texture de fromage, ça compte.

Attention aux pièges, vérifiez quand même bien la teneur finale en sodium. On trouve des bûches de chèvre au rayon fromage des supermarchés, avec cette mention « sel réduit de 25 % », d'accord… mais il reste encore 459 mg de sodium/100 g !

Oui (mais à limiter) ☺	Non ☹
Les fromages blancs et autres fromages frais. Les fromages à faible teneur en sodium (lire étiquette).	Les fromages affinés en général. Les plats à base de fromage : raclette, aligot, fondue savoyarde, pizza au fromage (pire : aux 4 fromages !)…

Fruits : le paradis du sans sel !

Tous les fruits frais sont conseillés et même chaudement recommandés. La plupart ont un taux minuscule de sodium et, au contraire, très élevé en potassium et magnésium, voire en calcium. Un vrai rêve ! Pour les compotes et autres fruits poêlés et préparés, c'est aussi parfait surtout si vous les faites vous-même et sans sucre. Un petit bémol pour les fruits en conserve : dans certaines boîtes, il peut y avoir du sodium ajouté en tant qu'additif.

Pour information, les fruits les plus pauvres en sodium sont la pêche, la banane, l'orange, la prune, la noisette, le pomelo (1 mg de sodium/100 g !). Juste au-dessus, le bleuet, la mûre et la mangue, l'ananas, le raisin, l'abricot, la fraise… Qui a dit que manger sans sel était triste et fade ?

À volonté ☺	À limiter ☹
Presque tous les fruits frais.	La noix de coco et le melon font partie des 20 fruits et légumes les plus riches en sodium. Rien de grave, mais à savoir : ils renferment environ 20 mg de sodium pour 100 g, 20 fois plus que la pêche et compagnie !

Fruits secs (nature) : oui, mais...

Les fruits secs possèdent de solides atouts santé : ils sont très riches en minéraux, en fibres et en composés nutritionnels inté-ressants, par exemple certains antioxydants. Mais le revers de la médaille, c'est que leur faible teneur en eau augmente mathématiquement leur teneur en calories (forcément) et en... sodium. De plus, les fruits secs couramment proposés en grandes surfaces contiennent des additifs pour assurer une conservation plus longue ; parmi ces additifs, il y a souvent du disulfite de sodium. Donc, encore du sodium et, en plus, mal toléré (de nombreuses personnes y sont allergiques). Résultat : alors que le raisin frais fait partie des fruits les plus pauvres en sodium (2 mg de sodium/100 g), les raisins secs sont au contraire les fruits qui en renferment... le plus (23 mg/100 g). Soit 10 fois plus ! Suivent la figue séchée et l'abricot sec (14 mg) puis la banane séchée (8 mg). Et comme on a tendance à les manger par poignées, cela peut finir par « compter ».

Oui ☺	Non ☹
La datte sèche est la moins riche en sodium : 3 mg/100 g. C'est bien ! Et la pâte de datte, vous connaissez ? En boutique bio ou exotique : une merveille.	Évitez les mélanges de fruits séchés pour apéritif, genre « fruits tropicaux », salés et contenant des additifs à base de sodium.

Herbes (toutes) : à volonté !

Menthe, persil, basilic, coriandre…
comme pour les épices, les herbes vont
devenir vos meilleures alliées culinaires
et, vu la palette étendue de leurs talents,
de fidèles amies santé aussi. Ainsi, le *cerfeuil* est diurétique, l'*aneth* bon pour le sommeil, la *citronnelle* alliée
minceur, la *livèche* super-détox, le *persil* spécial « bonne
haleine », les *herbes de Provence* super-antioxydantes et
la *sarriette*, anti-infectieuse. Vous vous rendez compte
de tout ce que vous allez gagner en mangeant moins
salé mais plus « vert » ?

Oui ☺	Non ☹
Les herbes fraîches (dans l'idéal, faites-les pousser chez vous, même dans une cuisine, ça marche !) ou surgelées nature.	Les herbes déshydratées, sans goût et sans avantage santé (tout a été perdu lors de la déshydratation). En plus, certaines ont été irradiées et d'autres ont des conservateurs. Bof !

Jus de fruits : super-vitaminés !

Les jus de fruits ne renferment pas de sel.
Mieux encore, ils apportent des vitamines et
minéraux qui contrecarrent les inconvénients
du sodium : potassium, calcium, magné-
sium… ils rétablissent en plus l'équilibre acido-basique.
Hélas, ils renferment aussi beaucoup de sucre. Autant
que des sodas, en somme. Donc bon choix par rapport
aux eaux pétillantes et aux sodas, ainsi qu'à l'alcool,
mais… pas question d'en boire plus de 1 verre par jour.

*Si vous faites partie des personnes qui mangent sans
sel pour préserver leurs reins, et souhaitent prévenir les
crises de goutte, les jus d'agrumes (orange, pamplemousse,
citron) vous sont spécialement recommandés.*

Le piège des jus de légumes

Attention aux jus de légumes du commerce, ils renferment
beaucoup, beaucoup de sel. Jusqu'à 6 g/litre ! Faites-les
vous-même, ils seront alors riches en vitamines et très
pauvres en sel.

Levure maltée : l'astuce
super-magique

La levure maltée est une levure (*Saccharomyces
cerevisiae*) au malt d'orge. Elle procure une
saveur salée qui rappelle celle du parmesan,
avec heureusement nettement moins de
sodium ! À parsemer sur les plats, notamment sur les

risottos et les pâtes. Sur les gratins, elle apporte une note fromagère et imite l'aspect « gratiné ».

Sa teneur en sodium : 0,15 à 0,7 mg. Ridiculement bas pour un rendu en bouche très satisfaisant. Une astuce super-magique sans sel mais avec le sourire.

Oui ☺	Non ☹
La levure maltée en sachet, plutôt moins chère qu'en vrac (en boutique bio… comparez les prix).	Vérifiez que la levure maltée soit bien faite avec de la levure sans OGM.

Œuf (coque, omelette, mollet, dur…) : le blanc, plus salé !

L'œuf est un aliment plein de surprises. Il y a toujours un aspect très positif et un autre qui l'est moins. Ainsi, cette superbe source de protéines bien assimilées par le corps est aussi parfois mal tolérée sur le plan digestif.
Autre chose : le jaune est plus riche en graisses, en vitamines et en antioxydants. Mais aussi en calories et en cholestérol, au point que l'on conseille aux personnes au régime de manger 2 blancs pour 1 jaune (omelette). D'un autre côté, le blanc est certes plus léger, mais il renferme malheureusement beaucoup plus de sodium, en fait il concentre quasiment tout le sodium de l'œuf…
Conclusion : mangez vos œufs sans vous soucier de tout cela, limitez simplement leur consommation à 3 par semaine, 5 grand maximum (préparations culinaires type quiches ou desserts comprises).

Oui ☺	Non ☹
Toutes préparations à base d'œuf (sans sel ajouté bien sûr) : coque, omelette, brouillé, au plat, dur, crêpes, galettes, quiches, tartes « maison »	Œufs brouillés hypersalés des hôtels (petit déjeuner buffet), œuf en gelée, tortillas, meringue (blanc d'œuf + sucre), toutes crêpes, tartes, etc. hors domicile.

Pain : notre premier fournisseur de sel

Aussi étonnant que cela paraisse, le pain est notre fournisseur n° 1 de sodium. Pas tant parce qu'il renferme beaucoup de sel, mais parce que nous en consommons une belle quantité chaque jour. Une portion type de pain = 1 tranche de pain = 30 à 35 g = 0,5 g de sodium. Et nous, comme pour les biscottes, on en veut 0 % ! Plutôt que de vous priver de pain (puisque, ce n'est pas notre genre de vous interdire quoi que ce soit), contournez le problème. Commandez du pain sans sel à votre boulanger ou préparez-le vous-même.

Oui ☺	Non ☹
Le pain sans sel du boulanger ou nos recettes de pain dans ce livre.	Tous les autres pains, qu'ils soient industriels ou faits en boulangerie.

Poisson : les protéines et oméga-3 du grand large

Tartare, carpaccio, terrine, poisson grillé, poché, vapeur, en papillote, à la plancha... chaque type de préparation ou de cuisson modifie sa texture, sa saveur et le voyage gustatif auquel il nous convie. En plus, cet athlète sous-marin adore se déguiser en vahiné (poisson à la vanille), en Viking (poisson aux baies roses, au carvi), il hante les côtes bretonnes (avec du sarrasin), méditerranéennes (avec de l'aubergine et de la tomate), un vrai caméléon. Sauf exception, le poisson est pauvre en sodium... alors que les crustacés et les coquillages en sont bourrés.

Oui ☺	Non ☹
Tous, nature, notamment cabillaud, colin, lotte, sole, saumon, merlu.	Poissons préparés, en sauce, panés, frits. Poissons en boîte (tous). Morue, surimi, saumon fumé, hareng.

Poivron : le superlégume

Avec le petit pois et le potiron, c'est le légume le plus pauvre en sodium, tous les trois en renferment à peine 2 mg/100 g, autant dire rien. En comparaison, honte à la bette avec ses 170 mg, au céleri-rave avec ses 100 mg et même au fenouil, avec ses 86 mg de sodium/100 g ! Les estomacs délicats prendront soin d'éplucher entièrement le poivron, qu'il soit vert, jaune ou rouge, ce dernier étant de loin le plus riche en antioxydants. Pour cette raison, il fait même partie des « superaliments » !

Oui ☺	Non ☹
Poivron cru, cuit vapeur, grillé, à l'huile d'olive et aux aromates.	Poivrons en conserve (ils renferment, outre du sel, un ou plusieurs additifs à base de sodium).

Pomme de terre : vive la patate !

Rarement un aliment a été aussi transformé et altéré que la pomme de terre. On la coupe, on la frit, on la taille en chips, on la souffle ou la rissole, bref, d'un féculent plein de potassium et très pauvre en gras, on en fait trop souvent une mine de sodium et de graisses. Mais pas vous ! Vous, vous allez souligner au contraire ses atouts santé, nutritionnels et gustatifs. Ou comment réinventer la bonne vieille patate en l'aidant à retrouver ses lettres de noblesse !

Oui ☺	Non ☹
Pomme de terre vapeur, purée, poêlée… au poivre/ curcuma ou autres épices, au persil ou autres herbes.	Pommes dauphine, noisette, galette de pomme de terre type Rosti, frites, chips (sauf si maison, sans sel ni graisses).

Purée de légumes : fraîche, oui, en flocons, non !

Les purées, c'est une excellente façon de manger de grandes quantités de légumes, de les mélanger, de s'amuser. En plus, c'est inratable. Maison, elles peuvent renfermer 0 % de sodium (ajouté), alors que les purées en flocons, c'est une autre histoire. La fameuse purée « dans laquelle on fait un trou pour faire un volcan » contient certes 99 % de pommes de terre… déshydratées – ce qui est bien différent de la patate sortie de terre – mais aussi du diphosphate de sodium (stabilisant) et du disulfite de sodium (conservateur), ce dernier pouvant provoquer des allergies chez les personnes intolérantes aux sulfites. Rien de grave, mais pourquoi faire compliqué, avec sodium et « à risque » quand on peut juste faire cuire quelques patates, les écraser à la fourchette et y ajouter de l'huile d'olive et de la muscade ?

Oui ☺	Non ☹
Fraîche (maison) ou surgelée (nature).	En sachets au rayon ambiant des fruits et légumes ou au rayon frais. En flocons.

Soupe : maison, sinon rien

Parlons peu, parlons bien. Teneur en sel d'une soupe maison : 0 à quelques mg près (selon les légumes utilisés). C'est l'une des raisons pour lesquelles elle fait du bien au corps, aide à couper l'appétit et à retrouver la ligne. En revanche, la soupe toute prête, qu'elle soit déshydratée, en sachet, instantanée, en brique ou même au rayon frais, est LE piège n° 1 dans les magasins. On se dit : « Chouette, de la soupe, c'est des légumes... Je ne peux pas me tromper. » Grossière erreur : la plupart sont plus salées que la charcuterie. Certaines apportent jusqu'à 2 g de sel par bol, sans compter les marques qui rajoutent, en plus, du glutamate de sodium ! Donc encore du sel, et en plus mal toléré sur le plan digestif. Inutile de se priver de saucisson si c'est pour aller ingurgiter un bol de mauvaise soupe à côté, sous prétexte de se faire du bien. Les industriels ont fait des efforts depuis quelques années, mais il reste du chemin à parcourir. Un très, très long chemin, en fait.

Oui ☺	Non ☹
Soupe maison avec légumes frais ou surgelés nature (exclusivement).	Toutes les autres : soupes déshydratées, en brique, surgelées préparées, au rayon frais, etc.

Viande : carnivore *party*

Steak, steak haché, poulet, dinde, veau... en général, la viande, blanche ou rouge, est pauvre en sodium. À condition évidemment de ne pas la tartiner de moutarde, de fleur de sel ou de marinade à la sauce soja. La dinde, par exemple, parmi les très bons élèves, apporte 49 mg de sodium aux 100 g. C'est peu. Cependant, n'oubliez pas qu'il n'y a pas que le sodium à prendre en compte : contrebalancer ses effets par le potassium, donc principalement par les fruits et légumes, et limiter la consommation de gras saturés est tout aussi important. De plus, ça ne remet pas en question la recommandation classique de ne pas dépasser 2 ou 3 viandes rouges par semaine, surtout si l'on veut protéger son cœur. Donc, la viande reste à consommer avec modération !

Oui ☺	Non ☹
Viande nature (achetée chez le boucher ou au rayon frais des supermarchés ou en surgelé).	Viande préparée, marinée, travaillée…, en pépites, panés, viande fumée.

Yogourt : mieux que le lait et que le fromage

Le lait renferme naturellement 45 mg de sodium/100 ml. Le yogourt, lui, en apporte moins : 30 mg/100 g. Autre avantage du petit pot qui a sa place dans presque tous les frigos : le yogourt contient des bacté- ries « amies » qui ont prédigéré le lait, ce qui le rend plus digeste. Méfiance cependant : même si c'est rare, certaines marques ajoutent un peu de sel. Vérifiez avant d'acheter un yogourt que vous ne connaissez pas !

Oui ☺	À limiter ☹
Yogourts nature quels qu'ils soient, en magasin ou faits maison.	Certains fromages frais, ou desserts lactés (rayon frais ou en boîte). Vérifiez les étiquettes !

Mes petites recettes magiques sans sel

95

Mes soupes pleines de goût

GASPACHO ORIGINAL

Anticholestérol, régime méditerranéen

Pour 4 personnes
Préparation : 10 minutes
Cuisson : 30 secondes

Ingrédients : 1 kg de tomates ; 2 gousses d'ail ; ½ oignon blanc doux ; ½ concombre ; ½ poivron rouge ; ½ poivron vert ; quelques pincées de piment d'Espelette ; 4 c. à soupe d'huile d'olive ; 3 c. à soupe de vinaigre de Xérès.

◆ Pelez et coupez en morceaux l'ail et l'oignon. Pelez le concombre, coupez-le en deux dans la longueur et éliminez les pépins. Épépinez les poivrons et détaillez la chair en morceaux.

◆ Plongez les tomates 30 secondes dans de l'eau bouillante de façon à les peler facilement, puis ôtez les pépins. Mettez la chair dans le bol d'un robot avec l'huile et le vinaigre. Mixez quelques instants. Ajoutez l'ail, l'oignon, le concombre, les poivrons et le piment. Mixez à nouveau, jusqu'à ce que le mélange soit lisse. Placez au frais jusqu'au moment de servir.

☆ L'astuce magique

Il vous reste des tomates qui commencent à trop mûrir ? Cette recette est parfaite pour ne pas les gaspiller.

GASPACHO DE BETTERAVES À L'ANETH

Super-antioxydant

Pour 4 personnes
Préparation : 5 minutes
Sans cuisson

Ingrédients : 2 betteraves cuites ; 100 ml de crème de soja (ou de crème allégée à 10 %) ; 1 c. à soupe d'aneth ciselé ; poivre.

* Épluchez les betteraves, coupez-les en morceaux et mixez-les avec la crème jusqu'à obtenir un mélange lisse.
* Incorporez l'aneth, poivrez et placez au frais jusqu'au moment de servir.

☆ L'astuce magique

Servez ce gaspacho très frais. Au dernier moment, vous pouvez verser un trait de crème dans chaque bol pour créer un contraste de couleurs.

GASPACHO DE PETITS POIS

Antigrignotages

Pour 4 personnes
Préparation : 5 minutes
Cuisson : 15 minutes
Réfrigération : 1 heure

Ingrédients : 750 g (5 tasses) de petits pois extrafins (frais ou surgelés) ; 1 c. à soupe de ciboulette ciselée ; ¼ de c. à thé de piment d'Espelette ; 100 ml de crème de soja (ou allégée à 10 %).

* Chauffez 1 l d'eau dans une cocotte. Ajoutez les petits pois (encore surgelés si c'est le cas), portez à ébullition et faites cuire 15 minutes sur feu doux.
* Égouttez les petits pois à l'aide d'une écumoire puis mixez-les avec la crème. Ajoutez peu à peu du bouillon, de façon à obtenir une préparation onctueuse. Laissez refroidir puis placez au réfrigérateur 1 heure environ. Parsemez de ciboulette ciselée et de piment d'Espelette.

☆ L'astuce magique

Pour une texture parfaitement lisse, passez la préparation au tamis de façon à éliminer les peaux.

100

SOUPE DE POISSONS

Protéinée, coupe-faim

Pour 4 personnes
Préparation : 10 minutes
Cuisson : 25 minutes

Ingrédients : 300 g de poisson blanc (merlan, colin, cabillaud…) ; 200 g de saumon ; 1 blanc de poireau ; 2 oignons ; 6 tomates ; 2 gousses d'ail ; 2 feuilles de laurier ; 2 c. à soupe d'huile d'olive ; 1 pointe de couteau de piment de Cayenne ; poivre.

◆ Pelez et émincez l'ail et les oignons. Détaillez le blanc de poireau en rondelles. Chauffez l'huile dans une cocotte et faites revenir les légumes 5 minutes en remuant. Ajoutez le piment, un peu de poivre et le laurier, puis les tomates coupées en quartiers et épépinées et 2 tasses d'eau. Faites cuire 10 minutes, puis ajoutez les morceaux de poisson et faites cuire encore 10 minutes.
◆ Ôtez le laurier, mixez le tout.

★ L'astuce magique

Servez cette soupe avec des croûtons aillés : taillez un de nos pains sans sel (recettes p. 124, 127, 129, 130) en tranches épaisses puis frottez-les avec une demi-gousse d'ail. Coupez-les en cubes, mettez-les dans un bol avec un filet d'huile d'olive et des herbes de Provence et mélangez délicatement pour bien les enrober. Étalez-les sur une plaque à four recouverte de papier sulfurisé et faites dorer en les retournant régulièrement, jusqu'à ce qu'ils soient croustillants.

VELOUTÉ D'ASPERGES

Diurétique, réminéralisant

Pour 4 personnes
Préparation : 10 minutes
Cuisson : 15 à 20 minutes

Ingrédients : 400 g d'asperges vertes (surgelées) ; 1 courgette ; 150 ml de crème de soja ou allégée à 10 % ; 1 c. à soupe d'estragon ciselé ; poivre.

◆ Épluchez les asperges (pas besoin si elles sont surgelées), ôtez les extrémités de la courgette. Coupez en morceaux et faites cuire le tout à l'eau bouillante 15 à 20 minutes, jusqu'à ce que les légumes soient bien tendres.

◆ Égouttez-les à l'aide d'une écumoire puis mixez-les finement avec la crème et le poivre. Complétez avec un peu de bouillon de cuisson, de façon à obtenir une préparation lisse et onctueuse. Parsemez d'estragon au moment de servir.

★ L'astuce magique

Pour une fois, pas besoin de faire attention à ne pas abîmer les pointes d'asperges. Cassées ou pas cassées, pas grave, vous allez les mixer ! Ce velouté peut aussi se servir bien frais.

VELOUTÉ DE CAROTTES AUX ÉPICES

Bonne mine, super-antioxydant

Pour 4 personnes
Préparation : 5 minutes
Cuisson : 30 minutes

Ingrédients : 8 à 10 carottes ; 2 oignons ; ½ c. à thé de gingembre en poudre ; ½ c. à thé de cannelle ; 1 c. à thé de cumin en poudre ; 2 c. à soupe d'huile d'olive ; 2 tasses de lait de soja.

◆ Épluchez les carottes et coupez-les en rondelles. Pelez et émincez les oignons.
◆ Chauffez l'huile dans une cocotte, faites revenir les oignons avec les épices pendant 2 minutes, en mélangeant avec une cuillère en bois. Ajoutez les carottes, versez 3 tasses d'eau, le lait et laissez mijoter 30 minutes environ sur feu très doux.
◆ Mixez le tout et servez dans des bols.

☆ L'astuce magique

Parsemez les veloutés de graines de cumin, doucement chauffées quelques minutes dans une poêle antiadhésive, pour faire ressortir leurs saveurs et les rendre légèrement craquantes.

Velouté de chou-fleur aux graines germées

Anticancer, extra-légère

Pour 4 personnes
Préparation : 5 minutes
Cuisson : 15 minutes

Ingrédients : 600 g de fleurettes de chou-fleur ; 2½ tasses de lait de soja ; 1 oignon ; 4 belles pincées de graines germées (au choix) ; poivre.

* Pelez l'oignon, coupez-le en deux. Faites-le cuire avec les fleurettes de chou-fleur 15 minutes à l'eau bouillante.
* Égouttez le chou-fleur et l'oignon à l'aide d'une écumoire, mixez-les avec le lait, poivrez. Servez dans des bols et déposez une petite pincée de graines germées sur chacun.

☆ L'astuce magique

Les graines germées se trouvent en barquettes, au rayon frais des magasins bio, et de certains supermarchés. On peut aussi les faire pousser soi-même dans un germoir, dans la cuisine. C'est facile ! Pensez toujours à les rincer à l'eau fraîche avant de les consommer.

VELOUTÉ DE PANAIS AUX AMANDES EFFILÉES

Antigrignotage, bon pour le transit

Pour 4 personnes
Préparation : 10 minutes
Cuisson : 20 minutes

Ingrédients : 400 g (2½ tasses) de panais ; 200 g (1 tasse) de châtaignes (surgelées) ; 100 ml de lait de soja ou demi-écrémé ; 2 c. à soupe d'amandes effilées ; ½ c. à thé de muscade.

* Épluchez les panais, coupez-les en morceaux et faites-les cuire avec les châtaignes, 20 minutes environ à l'eau bouillante.
* Égouttez-les à l'aide d'une écumoire, mixez-les avec le lait et la muscade, puis ajoutez un peu de bouillon de façon à obtenir la consistance désirée.
* Chauffez les amandes quelques instants dans une poêle antiadhésive, sans les laisser noircir. Servez le velouté dans des bols et parsemez d'amandes effilées.

☆ L'astuce magique

Les châtaignes doivent être bien tendres, c'est pourquoi il ne faut pas hésiter à les faire cuire un peu plus longtemps si vous trouvez qu'elles sont encore un peu fermes.

Mes entrées super *punchées*

CAVIAR DE COURGETTES

Anticholestérol

Pour 4 personnes
Préparation : 10 minutes
Cuisson : 10 à 15 minutes

Ingrédients : 2 courgettes ; 2 gousses d'ail ; 2 c. à soupe d'huile d'olive ; 2 c. à thé de persil ciselé ; 1 c. à thé de cumin ; 1 c. à thé de paprika ; poivre.

• Rincez les courgettes, éliminez les extrémités et coupez-les en dés. Pelez et pressez l'ail. Chauffez l'huile dans une poêle, faites revenir les courgettes avec l'ail, le cumin, le paprika et du poivre.

• Laissez cuire 10 à 15 minutes, jusqu'à ce que le liquide soit évaporé. Incorporez le persil et laissez refroidir.

⭐ **L'astuce magique**

Servez ce caviar très frais, après passage au réfrigérateur.

CHOU ROUGE AUX POMMES

Super-antioxydant

Pour 4 personnes
Préparation : 10 minutes
Sans cuisson

Ingrédients : ½ chou rouge ; 1 pomme rouge ; 1 échalote ; 2 c. à soupe d'huile de noix ; 3 c. à soupe de vinaigre de cidre ; 2 c. à soupe de noisettes concassées ; poivre.

* Rincez le chou rouge, coupez-le en deux et retirez le cœur. Détaillez chaque quartier en fines lanières ou râpez-les dans un robot. Pelez et émincez l'échalote.
* Rincez la pomme, coupez-la en quartiers, ôtez le cœur et recoupez-les en cubes. Ajoutez-les au chou ainsi que l'échalote. Fouettez l'huile avec le vinaigre et le poivre, versez sur le chou.
* Au moment de servir, chauffez les noisettes dans une poêle antiadhésive (sans les laisser noircir) et parsemez-les sur le chou.

⭐ **L'astuce magique**

Vous pouvez remplacer les noisettes par des éclats de noix, et le vinaigre de cidre, par du vinaigre de vin rouge.

CRUDITÉS RÂPÉES

*Coupe-faim, bonnes pour les gencives
et les dents*

*Pour 4 personnes
Préparation : 10 minutes
Sans cuisson*

Ingrédients : 2 carottes ; ¼ de boule de céleri-rave ; 1 c. à soupe d'huile de noix ; 1 citron ; 1 c. à soupe de ciboulette ciselée ; 4 noix ; poivre.

- Épluchez et râpez les carottes et le céleri. Cassez les noix, récupérez les éclats.
- Mélangez l'huile avec la ciboulette, du poivre et le jus du citron. Arrosez-en les légumes, mélangez et parsemez d'éclats de noix au moment de servir.

☆ L'astuce magique

À la place de l'huile de noix, vous pourrez utiliser de l'huile d'olive, et remplacer les noix par des graines de courge (non salées).

110

TREMPETTE D'ARTICHAUT

Bonne pour le transit et la flore intestinale

Pour 4 personnes
Préparation : 10 minutes
Cuisson : 20 minutes

Ingrédients : 500 g de fonds d'artichauts surgelés ; 3 c. à soupe d'huile d'olive ; 3 c. à soupe de jus de citron ; 1 c. à soupe de ciboulette ciselée ; poivre.

◆ Faites cuire les fonds d'artichauts 20 minutes environ à l'eau bouillante. Ils doivent être tendres quand on les pique avec la pointe d'un couteau. Égouttez-les et mixez-les avec l'huile, le jus de citron et du poivre.

◆ Ajoutez la ciboulette, laissez refroidir et placez au réfrigérateur jusqu'au moment de servir.

☆ L'astuce magique

Prenez bien des fonds d'artichauts surgelés, qui, une fois cuits à l'eau, seront beaucoup plus tendres que des fonds d'artichauts en boîte. Et surtout, ils ne seront pas salés !

111

FÈVES À L'ORIENTALE

Bonnes pour le transit

Pour 4 personnes
Préparation : 3 minutes
Cuisson : 25 minutes

Ingrédients : 800 g de fèves pelées surgelées ; 4 tomates ; 1 c. à thé de graines de cumin ; 1 c. à soupe d'huile d'olive ; poivre.

◆ Faites cuire les fèves 10 minutes à la vapeur. Coupez la chair des tomates en petits dés, éliminez les pépins. Chauffez l'huile dans une cocotte avec le cumin, remuez puis ajoutez les tomates. Poivrez et laissez mijoter 5 minutes environ sur feu doux.
◆ Ajoutez les fèves, mélangez délicatement et faites cuire encore 10 minutes. Laissez refroidir puis placez au réfrigérateur jusqu'au moment de servir.

☆ L'astuce magique

Si vous achetez des fèves fraîches au marché, au printemps, prenez-en 1 kg (poids avant épluchage).

112

SALADE D'ENDIVES À LA POIRE

Spécial mémoire

Pour 4 personnes
Préparation : 5 minutes
Sans cuisson

Ingrédients : 2 endives ; 1 poire bien mûre ; 1 pincée de curry en poudre ; 3 c. à soupe d'huile de noix ; 3 c. à soupe de vinaigre balsamique ; ½ citron.

- Fouettez l'huile, le vinaigre et le curry dans un saladier. Pelez la poire, ôtez les pépins et coupez-la en fins quartiers. Mettez-les dans le saladier et arrosez de jus de citron pour leur éviter de noircir.
- Éliminez les feuilles extérieures des endives, émincez-les finement et ajoutez-les au saladier, puis mélangez délicatement avec la vinaigrette.

> ★ **L'astuce magique**
> Vérifiez bien que votre curry est composé à 100 % d'épices : certains mélanges renferment beaucoup de sel.

SALADE DE BROCOLI AUX AMANDES

Protection cancer

Pour 4 personnes
Préparation : 15 minutes
Cuisson : 15 minutes

Ingrédients : 800 g de fleurettes de brocoli ; 2 c. à soupe d'huile d'olive ; 4 c. à soupe de vinaigre de vin ; 2 c. à soupe d'amandes effilées ; poivre.

+ Dorez les amandes quelques minutes dans une poêle antiadhésive, sans les laisser noircir.
+ Faites cuire les fleurettes de brocoli 10 minutes à la vapeur.
+ Fouettez l'huile avec le vinaigre et du poivre. Mettez le brocoli dans un saladier, ajoutez la vinaigrette et les amandes. Mélangez délicatement et servez frais.

☆ **L'astuce magique**

Si vous aimez les saveurs sucrées-salées, vous pouvez remplacer le vinaigre par du jus d'orange.

SALADE OMÉGA-3 & 9
DE FENOUIL AU SAUMON

Spécial mémoire, protection cérébrale

Pour 4 personnes
Préparation : 10 minutes
Sans cuisson

Ingrédients : 1 pavé de saumon, cuit et froid ; 1 fenouil ;
1 concombre ; ½ oignon rouge ; 2 c. à soupe d'huile d'olive ;
1 citron ; poivre.

- Rincez les légumes et séchez-les. Coupez le concombre en rondelles, ôtez les premières côtes du fenouil et émincez finement le bulbe. Pelez et émincez l'oignon.
- Détachez le poisson en morceaux, mélangez-le avec les légumes dans un saladier. Arrosez avec le jus du citron, l'huile, poivrez et mélangez délicatement.

☆ L'astuce magique

Une recette idéale pour recycler un reste de saumon. Cette salade sera meilleure après avoir mariné un peu avec le jus de citron : n'hésitez pas à la préparer à l'avance.

Salade de haricots verts à l'estragon

Minceur, protection cardiaque

Pour 4 personnes
Préparation : 10 minutes
Cuisson : 10 minutes

Ingrédients : 800 g de haricots verts ; 1 c. à thé d'estragon ciselé ; 2 c. à soupe d'huile d'olive ; 4 c. à soupe de vinaigre de vin blanc ; poivre.

- Faites cuire les haricots verts 10 minutes à l'eau bouillante salée. Égouttez, passez-les sous un filet d'eau froide, égouttez à nouveau.
- Fouettez l'huile avec le vinaigre et l'estragon, poivrez. Versez sur les haricots et servez, tiède ou frais.

☆ L'astuce magique

Cette salade peut se servir telle quelle en entrée, mais elle accompagnera aussi très bien un pavé de poisson ou un blanc de volaille. Vous pouvez remplacer le vinaigre par du jus de citron.

SALADE DE MÂCHE AU KIWI ET AUX NOIX

Protection cérébrale, super-tonus

Pour 4 personnes
Préparation : 5 minutes
Sans cuisson

Ingrédients : 2 poignées de mâche ; 2 kiwis ; 6 noix ; 2 c. à soupe d'huile de noix ; 4 c. à soupe de jus de citron.

◆ Cassez les noix et récupérez les éclats. Fouettez le jus de citron avec l'huile. Pelez les kiwis, coupez-les en dés.
◆ Mélangez dans un saladier avec la mâche et servez aussitôt.

⭐ **L'astuce magique**

Une salade vitaminée et super-antioxydante. Vous pouvez remplacer les noix par des amandes (non salées).

SALADE DE QUINOA CROQUANTE

Coupe-faim

Pour 4 personnes
Préparation : 15 minutes
Cuisson : 10 à 15 minutes

Ingrédients : 250 g de quinoa ; 2 carottes ; ½ oignon blanc ; 1 botte de radis ; 1 c. à soupe de ciboulette ciselée ; 1 citron ; 3 c. à soupe d'huile d'olive ; poivre.

* Versez le quinoa dans 2 fois son volume d'eau froide, portez à ébullition et laissez cuire à feu doux 10 à 15 minutes. Égouttez et versez dans un saladier. Laissez refroidir.
* Pelez et émincez finement l'oignon. Épluchez les carottes et coupez-les en rondelles, aussi fines que possible. Coupez les queues et les radicelles des radis, rincez-les et séchez-les, puis taillez-les en rondelles à leur tour.
* Pressez le citron dans un saladier. Fouettez avec l'huile d'olive, puis ajoutez les légumes, la ciboulette et le quinoa. Poivrez, mélangez et réservez au frais jusqu'au moment de servir.

⭐ **L'astuce magique**

Transformez cette salade en plat complet en lui ajoutant des dés de poulet.

118

Salade de roquette à la nectarine

Super-antioxydante, belle peau

Pour 4 personnes
Préparation : 10 minutes
Sans cuisson

Ingrédients : 4 nectarines jaunes ; 2 poignées de roquette ; 2 c. à soupe de pignons de pin ; 1 c. à soupe de basilic ciselé ; 2 c. à soupe d'huile d'olive ; 3 c. à soupe de vinaigre de cidre ; poivre.

- Rincez la roquette, essorez-la. Pelez les nectarines, coupez-les en deux, ôtez les noyaux et détaillez la chair en dés. Chauffez les pignons dans une poêle antiadhésive jusqu'à ce qu'ils dorent. Attention, ne les laissez pas noircir.
- Fouettez l'huile avec le vinaigre et du poivre. Mélangez la roquette avec cette vinaigrette dans un saladier. Ajoutez le basilic et les dés de nectarines.
- Mélangez délicatement, parsemez de pignons et servez aussitôt.

> ★ **L'astuce magique**
> Une salade délicieusement rafraîchissante, idéale en été. Vous pouvez remplacer les nectarines par des billes de melon ou des dés d'abricots.

119

TERRINE DE SAUMON

Protection cérébrale, équilibre nerveux

Pour 4 personnes
Préparation : 10 minutes
Cuisson : 30 minutes

Ingrédients : 200 g de saumon cuit et froid ; 4 œufs ; 2 c. à soupe d'estragon ciselé ; 200 ml de crème de soja ; poivre ; huile pour la terrine.

* Préchauffez le four à 410 °F. Cassez les œufs dans un saladier, fouettez-les avec la crème, l'estragon et du poivre. Ajoutez le saumon détaché en morceaux et mélangez.
* Versez la préparation dans une terrine huilée et faites cuire 30 minutes. Laissez refroidir et démoulez sur un plat.

☆ L'astuce magique

Servez cette terrine coupée en tranches, avec une sauce au fromage blanc et à la roquette (voir p. 142). Pour l'apéritif, vous pourrez aussi la couper en cubes, que vous piquerez avec des piques à apéritif.

TARTARE DE DAURADE À LA CORIANDRE

Coupe-faim, extra-légère

Pour 4 personnes
Préparation : 10 minutes
Cuisson : 1 minute
Réfrigération : 3 heures

Ingrédients : 400 g de daurade ; 1 tomate ; 1 lime ; ½ oignon rouge ; 1 c. à soupe de coriandre ciselée ; poivre 5 baies.

◆ Rincez les filets de poisson et séchez-les délicatement avec un papier absorbant. Coupez-les en petits dés.
◆ Prélevez deux bandes de zeste sur la lime préalablement lavée. Plongez-les dans une casserole d'eau bouillante pendant 30 secondes, égouttez, recommencez l'opération avec une eau propre puis égouttez à nouveau. Coupez en fines lanières.
◆ Pressez la lime, mélangez le jus et les zestes avec le poisson ainsi que la coriandre et un peu de poivre. Couvrez et faites mariner 3 heures environ au réfrigérateur.
◆ Détaillez la tomate en dés, ôtez les pépins. Pelez l'oignon rouge et émincez-le. Au moment de servir, parsemez le poisson de dés de tomate et d'oignon.

⭐ **L'astuce magique**

Demandez à votre poissonnier des filets de poisson extra-frais, en lui précisant que vous le mangerez cru.

Mes basiques

PAIN DE MIE SANS SEL

Bon pour le transit, reminéralisant

Pour 1 pain de mie
Préparation : 15 minutes
Repos : 1 heure
Cuisson : 40 minutes

Ingrédients : 500 g de farine ; 20 g de levure fraîche de boulanger ; 50 g de beurre fondu ; 100 ml d'eau ; 20 g de sucre ; 200 ml de lait tiède ; 1 c. à soupe bombée de son de blé.

◆ Délayez la levure dans le lait. Mettez la farine dans un saladier, mélangez avec le son de blé, le sucre et creusez un puits. Versez la levure, l'eau et le beurre. Pétrissez 10 minutes environ, couvrez d'un torchon propre et laissez gonfler 1 heure.

◆ Travaillez de nouveau rapidement la pâte à la main, installez-la dans un moule rectangulaire beurré, couvrez et laissez gonfler jusqu'à ce que la pâte arrive en haut du moule.

◆ Préchauffez le four à 350 °F. Quand il est chaud, enfournez le pain et faites cuire 40 minutes. Démoulez et laissez refroidir sur une grille.

☆ L'astuce magique

Grâce au son de blé, le pain de mie s'enrichit en fibres... et en saveur. Vous pouvez aussi choisir d'utiliser une farine dite « bise », mais le résultat sera moins proche du pain que nous connaissons.

BISCOTTES NO SEL

Super-digestes

Pour 50 biscottes environ
Préparation : 20 minutes
Cuisson : 55 à 60 minutes
Repos : 2 h 15 + 24 heures

Ingrédients : 500 g de farine ; 1 sachet de levure de boulanger déshydratée ; 30 g de sucre ; 1 œuf ; 30 g de lait en poudre ; 60 g de beurre mou ; 275 ml d'eau à peine tiède.

◆ Dans un bol, délayez la levure avec la moitié de l'eau. Dans un saladier, mélangez la farine avec le sucre, le lait, le beurre et la levure délayée dans un peu d'eau, puis le reste d'eau. Pétrissez 10 minutes environ, couvrez avec un torchon propre et laissez gonfler 45 minutes environ.

◆ Pétrissez à nouveau la pâte, divisez-la en deux et mettez chaque pâton dans un moule rectangulaire. Couvrez et laissez gonfler encore 1 h 30 environ.

◆ Préchauffez le four à 430 °F. Faites cuire les pains 35 à 40 minutes environ, en plaçant un ramequin d'eau dans le four.

◆ Démoulez, mettez à refroidir sur une grille et laissez durcir 24 heures à l'air libre. Coupez les pains en tranches d'épaisseur régulière (8 mm environ) et étalez-les à plat, sans les faire se chevaucher, sur une plaque à four. Faites-les sécher 10 minutes environ de chaque côté, jusqu'à ce qu'elles soient dorées. Elles doivent être bien sèches et croustillantes. Laissez enfin refroidir sur une grille.

→

L'astuce magique

Pour que les tranches de pain dorent et sèchent de façon uniforme, il faut que le pain soit un peu rassis.

PAIN AU SEIGLE ET AUX RAISINS SECS

Spécial tonus, riche en fibres

Pour une vingtaine de petits pains
Préparation : 20 minutes
Cuisson : 20 minutes environ
Repos : 2 heures

Ingrédients : 300 g de farine ; 200 g de farine de seigle ; 25 g de levain fermentescible ; 1 c. à soupe d'huile de tournesol ; 75 g de raisins secs.

◆ Faites gonfler les raisins secs dans un bol d'eau chaude. Mélangez les farines et le levain dans un saladier. Ajoutez l'huile et la quantité d'eau tiède nécessaire pour obtenir une boule de pâte lisse et élastique (procédez par petits ajouts successifs). Pétrissez 10 minutes.

◆ Laissez reposer sous un torchon propre, 1 heure environ, jusqu'à ce que la pâte ait doublé de volume.

◆ Tapotez-la pour la faire descendre puis ajoutez les raisins secs bien égouttés. Formez de petites boules de pâte (un peu plus petites que des balles de tennis), disposez-les sur une plaque à four recouverte de papier sulfurisé et laissez reposer à nouveau 1 heure, sous un torchon.

◆ Préchauffez le four à 410 °F dans lequel vous aurez placé un petit ramequin d'eau. Faites cuire les petits pains 20 minutes environ.

⭐ **L'astuce magique**

Le levain fermentescible se trouve en magasins biologiques et s'utilise comme de la levure. Dans cette recette, il a l'avantage de développer des arômes caractéristiques de levain, acidulé, qui se marient très bien à ceux des raisins secs... et qui font oublier l'absence de sel.

PAIN AUX NOIX

Spécial cerveau

Pour 1 pain
Préparation : 10 minutes
Cuisson : 35 minutes environ
Repos : 1 h 40

Ingrédients : 350 g de farine complète ; 1 sachet de levure de boulanger lyophilisée ; 260 ml d'eau tiède ; 1 c. à soupe d'huile de noix ; 60 g d'éclats de noix.

◆ Mélangez la farine et la levure dans un saladier. Ajoutez l'eau tiède et pétrissez 10 minutes à la main (ou au robot) en repliant les bords vers le centre afin d'obtenir une pâte lisse et élastique.

◆ Couvrez avec un torchon et laissez lever 40 minutes à l'abri des courants d'air, dans un endroit chaud.

◆ Retravaillez la pâte et déposez-la dans un moule rectangulaire huilé (ou formez une boule et déposez-la sur une plaque de cuisson). Couvrez à nouveau et laissez lever 1 heure.

◆ Préchauffez le four à 430 °F et placez un petit ramequin d'eau sur la plaque. Faites cuire le pain 35 minutes environ.

★ L'astuce magique

La quantité d'eau peut varier en fonction de la marque de la farine et de sa capacité d'absorption, n'hésitez donc pas à adapter la quantité de façon à ce que la pâte soit lisse et souple (elle ne doit pas être trop dure).

PAIN AU SARRASIN

Spécial transit, super-circulation du sang

Pour 1 pain
Préparation : 10 minutes
Cuisson : 35 minutes environ
Repos : 1 h 40

Ingrédients : 250 g de farine complète ; 100 g de farine de sarrasin ; 1 sachet de levure de boulanger lyophilisée ; 260 ml d'eau tiède.

◆ Mélangez les farines et la levure dans un saladier. Ajoutez l'eau tiède et pétrissez 10 minutes à la main (ou au robot) en repliant les bords vers le centre afin d'obtenir une pâte lisse et élastique.
◆ Couvrez avec un torchon et laissez lever 40 minutes à l'abri des courants d'air, dans un endroit chaud.
◆ Retravaillez la pâte, formez une boule et déposez-la sur une plaque de cuisson. Couvrez à nouveau et laissez lever 1 heure.
◆ Préchauffez le four à 430 °F et placez un petit ramequin d'eau sur la plaque. Faites cuire le pain 35 minutes environ.

✪ L'astuce magique

La quantité d'eau peut varier en fonction de la marque de la farine et de sa capacité d'absorption, n'hésitez donc pas à adapter la quantité de façon à ce que la pâte soit lisse et souple (et pas trop dure). Donnez du croquant à votre pain en le parsemant, avant de l'enfourner, de grains de kasha (sarrasin grillé, en magasins bio).

PÂTE À PIZZA

Anticholestérol, coupe-faim (son de blé)

Pour 1 pizza
Préparation : 10 minutes
Repos : 2 h 30

Ingrédients : 250 g de farine ; 5 c. à soupe d'huile d'olive ;
100 ml d'eau juste tiède ; 1 sachet de levure de boulanger lyophilisée ;
1 c. à soupe de son de blé.

* Mélangez la farine et le son de blé sur le plan de travail, creusez un puits. Ajoutez la levure, l'huile, l'eau et pétrissez de façon à obtenir une pâte élastique, au moins pendant 5 minutes.
* Formez une boule, mettez-la dans un saladier et couvrez d'un torchon humide. Laissez lever dans un endroit chaud et à l'abri des courants d'air pendant 2 heures.
* Pétrissez à nouveau, étalez sur la plaque à pizza et laissez lever encore 30 minutes (le temps de préparer les ingrédients de la garniture).

☆ L'astuce magique

Vous pouvez parfumer la pâte avec 1 c. à soupe de basilic ciselé, 1 c. à thé d'herbes de Provence, 1 c. à thé de curcuma (pour lui donner une jolie teinte jaune orangé), 1 c. à soupe de concentré de tomate (vérifiez qu'il est sans sel ajouté)…

PÂTE À TARTE AU SÉSAME

Super-nourrissante

Pour 1 pâte
Préparation : 5 minutes
Repos : 2 heures

Ingrédients : 250 g de farine ; 75 g de beurre ; 50 g de purée de sésame (tahini) ; 1 c. à thé de graines de sésame.

◆ Mélangez la farine et les graines de sésame. Creusez un puits, ajoutez le beurre coupé en dés, la purée de sésame et pétrissez en ajoutant (peu à peu) la quantité d'eau nécessaire pour obtenir une pâte lisse et homogène.

◆ Enveloppez de pellicule plastique et laissez reposer 2 heures minimum au réfrigérateur avant d'étaler.

☆ L'astuce magique

Le tahini se trouve dans les épiceries orientales ou au rayon « cuisines étrangères » des grandes surfaces. Riche en calcium, en fibres et en goût, il relève parfaitement les pâtes des tartes salées et des quiches aux légumes.

Pâte à tarte aux herbes

Anticholestérol

Pour 1 pâte
Préparation : 5 minutes
Repos : 2 heures

Ingrédients : 225 g de farine ; 7 c. à soupe d'huile d'olive ; 1 c. à thé d'herbes de Provence.

* Mélangez la farine et les herbes dans un saladier. Creusez un puits, ajoutez l'huile et pétrissez en incorporant la quantité d'eau nécessaire pour obtenir une pâte lisse et homogène (procédez par petits ajouts).
* Enveloppez de pellicule plastique et laissez reposer 2 heures minimum au réfrigérateur avant d'étaler.

☆ L'astuce magique

L'huile d'olive et les herbes donnent à cette pâte beaucoup de caractère. À savourer en tartes à base de courgettes, tomates, aubergines, poivrons, etc., ou bien en quiches au poisson ou au poulet.

Mes sauces et condiments

CHAPELURE AUX ÉPICES

Digestion facile

Pour 1 petit bocal de chapelure
Préparation : 5 minutes
Sans cuisson

Ingrédients : 8 biscottes sans sel (ou Biscottes no sel, voir recette p. 125) ; 1 c. à thé bombée de curry ; 1 c. à thé d'ail déshydraté en flocons.

* Enfermez les biscottes dans un sac congélation, réduisez-les en chapelure à l'aide d'un rouleau à pâtisserie.
* Mettez cette chapelure dans un bol, mélangez avec le curry et l'ail, puis enfermez dans un bocal hermétique.

★ **L'astuce magique**

Utilisez cette chapelure pour faire réchauffer de la purée au four (avec quelques noisettes de beurre), pour paner des cubes de poulet ou de poisson...

CHUTNEY PARFAIT

Super-antioxydant

Pour 1 pot
Préparation : 5 minutes
Cuisson : 35 à 45 minutes

Ingrédients : 1 boîte de tomates concassées (400 g environ) ; 2 c. à soupe de raisins secs ; 1 c. à soupe de miel ; 2 oignons rouges ; 1 c. à thé de curry ; 4 c. à soupe de vinaigre balsamique.

* Pelez et hachez les oignons. Mettez-les dans une petite casserole avec le miel et chauffez 3 minutes en remuant. Ajoutez le contenu de la boîte de tomates, les raisins secs, le curry et le vinaigre.
* Laissez réduire sur feu très doux, 30 à 40 minutes. Quand le chutney a épaissi, ôtez du feu et versez aussitôt dans un pot. Fermez hermétiquement et laissez refroidir. Conservez ensuite au réfrigérateur et consommez dans les 5 jours.

☆ **L'astuce magique**

Vérifiez que votre curry ne contient pas de sel. Ce chutney, relativement peu sucré comparé à ceux à la mangue, conviendra bien à des volailles ou des brochettes.

MAYO LÉGÈRE

Super-minceur, hyperprotéinée

Pour 1 ramequin
Préparation : 5 minutes
Sans cuisson

Ingrédients : 1 œuf dur ; 1 c. à soupe de moutarde sans sel (maison – voir p. 141 – ou en magasins diététiques) ; 100 g de fromage blanc ; 1 c. à soupe de jus de citron.

- Écrasez le jaune d'œuf avec la moutarde et le jus de citron. Incorporez le fromage blanc quand le mélange est onctueux.
- Placez au frais jusqu'au moment de servir.

☆ L'astuce magique

Parfumez cette sauce avec des herbes (aneth si vous la servez avec un poisson froid, estragon avec du poulet ou du bœuf froid...) ou des épices (curry, paprika...).

CORNICHONS AUX HERBES

Super-minceur

Pour 4 à 6 bocaux
Préparation : 15 minutes
Cuisson : 1 minute
Repos : 15 jours

Ingrédients : 1 kg de cornichons frais ; 1 c. à thé de poivre rose ; 600 ml de vinaigre ; 4 brins d'aneth.

- Rincez les cornichons sous l'eau. Mettez-les dans un torchon, frottez-les entre les deux épaisseurs ou brossez-les à l'aide d'une brosse à dents de façon à éliminer les traces de terre et les aspérités. Rincez.
- Disposez les cornichons dans les bocaux préalablement ébouillantés et séchés. Écrasez le poivre rose dans un mortier, répartissez-le dans les pots ainsi que les brins d'aneth.
- Chauffez le vinaigre et 400 ml d'eau dans une casserole. Quand le mélange frémit, versez sur les cornichons (ils doivent être entièrement recouverts). Fermez les bocaux et laissez refroidir. Placez au réfrigérateur et faites reposer 15 jours avant de déguster.

☆ L'astuce magique

Les cornichons frais se trouvent l'été, chez les maraîchers, mais ne sont pas très courants. N'hésitez pas à demander au vôtre s'il en cultive. Le mélange eau-vinaigre permet d'obtenir des cornichons pas trop acides, mais si vous préférez, vous pouvez les couvrir de vinaigre pur.

PICKLES (PETITS LÉGUMES AU VINAIGRE)

Super-minceur

Pour 4 à 6 bocaux
Préparation : 15 minutes
Cuisson : 3 minutes

Ingrédients : 2 carottes ; 2 branches de céleri ; 1 poivron rouge ;
1 petit chou-fleur très frais ; 1 l de vinaigre (prévoyez-en + au cas
où) ; 4 brins d'estragon.

- Rincez le poivron et le céleri. Épluchez les carottes et coupez-les en rondelles de 3 à 4 mm d'épaisseur. Ouvrez le poivron, ôtez les pépins et coupez la chair en bâtonnets. Détachez le chou-fleur en tout petits bouquets.
- Plongez les carottes et le chou-fleur dans une casserole d'eau bouillante pendant 2 minutes. Égouttez aussitôt. Répartissez les légumes dans des bocaux avec les brins d'estragon.
- Chauffez le vinaigre. Quand il arrive à ébullition, versez-le sur les légumes. Refermez les pots hermétiquement, laissez refroidir. Rangez dans un placard à l'abri de la lumière et faites reposer 15 jours avant de déguster.

> ⭐ **L'astuce magique**
>
> Selon vos goûts, ajoutez dans les bocaux des grains de poivre blanc, de genièvre, de poivre rose...

FAUSSE MOUTARDE

Antioxydante, anticancer

Pour 1 à 2 bocaux
Préparation : 15 minutes
Cuisson : 3 minutes
Attente : 12 heures

Ingrédients : 100 g de graines de moutarde ; 2 c. à soupe d'huile de tournesol ; 5 c. à soupe de vinaigre de vin blanc ; quelques pincées de curcuma ; 1 c. à soupe de fécule de maïs.

- Rincez les graines de moutarde à grande eau, à travers une passoire fine. Placez-les dans un saladier et couvrez d'eau. Laissez gonfler une nuit.
- Rincez-les, égouttez-les. Mixez-les (à l'aide d'un mixeur plongeant, c'est idéal) avec le vinaigre, l'huile, le curcuma et la fécule. Ajoutez un peu d'eau si besoin de façon à obtenir la consistance d'une moutarde, onctueuse.
- Mettez en pots et laissez reposer 48 heures avant de goûter.

> ☆ **L'astuce magique**
>
> Les graines de moutarde doivent avoir bien trempé pour se mixer facilement. Si vous aimez les moutardes douces, vous pouvez ajouter 1 c. à thé de miel, qui tempère le piquant de la moutarde.

141

TREMPETTE AU FROMAGE BLANC ET À LA ROQUETTE

Bon pour les os, belle peau

Pour 1 ramequin
Préparation : 10 minutes
Sans cuisson

Ingrédients : 1 petite poignée de roquette ; 300 g de fromage blanc ; 2 c. à soupe de jus de citron.

+ Rincez et essorez la roquette. Coupez-la grossièrement et mettez-la dans un grand verre, puis ciselez-la finement à l'aide d'une paire de ciseaux.
+ Mélangez le fromage blanc, la roquette ciselée et le jus de citron. Placez au frais jusqu'au moment de servir.

☆ L'astuce magique

Cette trempette accompagnera les bâtonnets de crudités servis en apéritif, mais aussi les poissons froids, ou une salade de boulgour...

142

Sauce tomate

Antivieillissement, régime méditerranéen

Pour 4 personnes
Préparation : 10 minutes
Cuisson : 16 minutes

Ingrédients : 8 tomates ; 1 échalote ; 1 gousse d'ail ; 1 c. à thé de piment d'Espelette ; 1 c. à soupe de vinaigre balsamique ; 1 c. à thé d'origan ; 3 c. à soupe d'huile d'olive.

- ◆ Faites une entaille sur chaque tomate à l'aide d'un couteau tranchant, plongez-les dans une casserole d'eau bouillante 1 minute puis égouttez-les et pelez-les. Coupez-les en quartiers, ôtez les pépins.
- ◆ Pelez l'échalote et l'ail, émincez-les finement. Chauffez l'huile dans une cocotte. Ajoutez l'ail, l'échalote, les tomates, le piment et l'origan. Laissez cuire à feu doux 15 minutes. En fin de cuisson, ajoutez le vinaigre balsamique.

⭐ **L'astuce magique**

Servez cette sauce sur des spaghettis, des légumes, un pavé de poisson... Parsemez le tout d'herbes ciselées : basilic, persil... Vous pouvez aussi la congeler dans une boîte de congélation.

143

Mes plats sans sel

BOULETTES DE VIANDE EN SAUCE TOMATE

Minceur, antifatigue

Pour 4 personnes
Préparation : 20 minutes
Cuisson : 15 minutes

Ingrédients : 500 g de viande de bœuf hachée ; 1 c. à soupe de persil ciselé ; 1 c. à thé de cumin en poudre ; 1 c. à thé de paprika ; 1 gousse d'ail ; 400 ml de sauce tomate maison (p. 143) ; poivre.

* Préchauffez le four à 410 °F. Mélangez la viande hachée, le persil, les épices, l'ail pelé et pressé, et du poivre.
* Confectionnez des boulettes de la taille d'une noix. Faites-les cuire 15 minutes au four en les retournant à mi-cuisson.
* Réchauffez la sauce tomate.
* Servez les boulettes chaudes, nappées de sauce tomate.

☆ L'astuce magique

Selon vos goûts, vous pouvez opter pour un mélange de viande de bœuf et d'agneau. Servez avec du riz basmati, des spaghettis…

146

BROCHETTES D'AGNEAU AU SÉSAME

Antifatigue, régime méditerranéen

Pour 4 personnes
Préparation : 10 minutes
Cuisson : 10 minutes

Ingrédients : 400 g de gigot d'agneau ; 12 tomates cerises ; 2 c. à soupe d'huile d'olive ; 2 c. à soupe de graines de sésame ; 1 c. à soupe de ciboulette ciselée ; poivre.

◆ Préchauffez le four à 460 °F en position gril. Coupez l'agneau en cubes. Mettez le sésame dans une assiette et passez-y les cubes de viande de façon à les enrober de graines.
◆ Enfilez-les sur des piques à brochettes en intercalant une tomate cerise entre chaque morceau.
◆ Arrosez d'un filet d'huile, poivrez, et faites cuire 10 minutes environ sous le gril du four (plus si vous préférez les viandes bien cuites). Parsemez de ciboulette à la sortie du four.

☆ L'astuce magique

Dorée et croustillante, la viande n'a pas besoin de sel pour avoir du goût, la preuve ici ! Et si vous avez envie de moutarde, allez voir p. 141 notre recette. Accompagnez d'une salade verte ou de riz complet.

BROCHETTES DE DINDE AU PAPRIKA

Minceur, antioxydantes, anticholestérol

Pour 4 personnes
Préparation : 5 minutes
Cuisson : 15 minutes
Attente : 1 heure

Ingrédients : 600 g de blanc de dinde en un seul morceau ; 1 poivron rouge ; 2 gousses d'ail ; 1 citron ; 1 c. à soupe de paprika doux ; 2 c. à soupe d'huile d'olive.

- Pelez et pressez l'ail. Mélangez le paprika avec l'huile, l'ail et le jus du citron. Coupez la viande en cubes de 3 cm de côté et mélangez-les avec la préparation. Couvrez et laissez mariner 1 heure au réfrigérateur.
- Préchauffez le four à 410 °F. Coupez le poivron rouge en cubes. Enfilez les cubes de dinde en alternant avec les cubes de poivron et faites cuire 15 minutes au four en les retournant plusieurs fois.

⭐ **L'astuce magique**

Si vous aimez les saveurs épicées, ajoutez une pincée de Cayenne (ou d'Espelette, moins fort). Servez avec du chou-fleur vapeur.

Courgettes farcies au bœuf

Antifatigue

Pour 4 personnes
Préparation : 10 minutes
Cuisson : 45 minutes

Ingrédients : 4 grosses courgettes ; 400 g de bœuf haché maigre ; 2 c. à soupe de concentré de tomate ; 4 c. à soupe de persil ciselé ; 4 c. à soupe de menthe ciselée ; 1 oignon ; poivre.

* Rincez les courgettes et coupez-les en deux dans le sens de la longueur. Creusez-les à l'aide d'une petite cuillère et récupérez la chair.
* Épluchez l'oignon, coupez-le en morceaux et mixez-les avec la chair des courgettes. Ajoutez le concentré de tomate, les herbes, la viande et du poivre. Mélangez.
* Garnissez les courgettes avec la farce. Rangez-les dans un plat à four, versez un verre d'eau et faites cuire 45 minutes.

★ L'astuce magique

Une farce 100 % santé, infiniment meilleure que la traditionnelle chair à saucisse, vraiment trop grasse. Vous pourrez aussi réaliser cette recette avec des courgettes rondes. Accompagnez de boulgour.

149

DINDE À L'ANANAS ET À LA CORIANDRE

Antigrignotages

Pour 4 personnes
Préparation : 5 minutes
Cuisson : 30 minutes

Ingrédients : 250 g de quinoa ; 600 g d'escalope de dinde ; 6 tranches d'ananas au sirop ; 1 oignon ; 2 c. à soupe d'huile d'olive ; 1 c. à thé de curry en poudre ; 1 c. à soupe de coriandre ciselée.

* Faites cuire le quinoa selon les instructions de l'emballage. Pendant ce temps, détaillez la dinde en lanières et les tranches d'ananas, en morceaux. Pelez et émincez l'oignon.
* Chauffez l'huile dans une sauteuse, ajoutez l'oignon, la dinde et parsemez de curry. Faites revenir 10 minutes puis ajoutez les morceaux d'ananas. Laissez cuire 5 minutes.
* Incorporez le quinoa égoutté et parsemez de coriandre.

☆ L'astuce magique

Vérifiez bien que votre curry ne contient pas de sel. Vous pouvez aussi remplacer le quinoa par du riz complet.

Dos de merlu au thym

Super-minceur

Pour 4 personnes
Préparation : 3 minutes
Cuisson : 20 minutes

Ingrédients : 4 dos de merlu ; 6 courgettes ; 2 c. à soupe d'huile d'olive ; 2 c. à thé de thym ; poivre.

* Ôtez les extrémités des courgettes, coupez-les en morceaux. Chauffez l'huile dans une cocotte, ajoutez les courgettes, poivrez et parsemez de thym.
* Couvrez et faites mijoter 10 minutes, puis ôtez le couvercle, remuez et laissez cuire jusqu'à ce que les courgettes soient cuites mais encore un peu fermes (10 minutes environ). Pendant ce temps, faites cuire les dos de merlu 8 à 10 minutes à la vapeur. Servez avec les courgettes.

> ⭐ **L'astuce magique**
>
> Vous trouvez fade le poisson vapeur ? Arrosez-le au moment de servir avec un jus de citron ou quelques gouttes d'huile d'olive, puis donnez un tour de moulin à poivre.

151

ÉMINCÉ DE DINDE AUX POIVRONS

Antivieillissement

Pour 4 personnes
Préparation : 10 minutes
Cuisson : 30 minutes environ

Ingrédients : 4 escalopes de dinde ; 6 belles tomates bien mûres ; 3 gousses d'ail ; 2 poivrons rouges ; 6 c. à soupe d'huile d'olive ; 1 c. à soupe de persil ciselé ; poivre.

◆ Rincez les tomates, coupez-les en dés, ôtez les pépins. Pelez et hachez l'ail. Coupez les poivrons en deux, ôtez les pépins puis détaillez leur chair en dés.
◆ Chauffez la moitié de l'huile dans une poêle puis ajoutez l'ail, les tomates et les poivrons. Poivrez, mélangez, couvrez et laissez mijoter 20 minutes à feu doux en remuant de temps à autre.
◆ Tranchez les escalopes de dinde en fines lanières. Chauffez le reste d'huile dans une sauteuse et faites dorer les lanières de dinde 1 minute de chaque côté puis baissez le feu et poursuivez la cuisson 8 minutes en les retournant régulièrement. Lorsqu'elles sont dorées, ajoutez-les aux légumes et parsemez de persil ciselé.

⭐ **L'astuce magique**

Pour plus de couleurs, remplacez un poivron rouge par un jaune. Servez avec un riz complet.

ÉMINCÉ DE THON AU SÉSAME

Super-antioxydant, top mémoire

Pour 4 personnes
Préparation : 10 minutes
Cuisson : 2 minutes

Ingrédients : 2 pavés épais de thon (150 g) ; 4 c. à soupe de graines de sésame ; 2 c. à soupe d'huile d'olive ; 1 petit poivron rouge ; 2 petits avocats ; 5 tomates bien mûres ; 1 citron ; 2 c. à soupe de coriandre ciselée ; poivre.

- Rincez le poivron, ôtez les pépins et coupez la chair en tout petits dés. Faites de même avec les tomates. Pelez et dénoyautez les avocats, coupez-les en dés également et assaisonnez-les aussitôt avec le jus du citron. Mélangez le tout avec la moitié de l'huile d'olive et la coriandre, poivrez.
- Poivrez les pavés de thon. Passez-les dans les graines de sésame, sur une assiette, puis saisissez-les dans le reste d'huile, 1 minute de chaque côté. Détaillez-les en fines tranches. Répartissez-les sur les assiettes et servez aussitôt, garnis de salade de légumes.

☆ L'astuce magique

Vous pouvez préparer cette recette de la même façon, avec du saumon. Les gros appétits ajouteront une timbale de riz complet ou de quinoa.

FILETS DE LIMANDE À LA VANILLE

Antistress

Pour 4 personnes
Préparation : 10 minutes
Cuisson : 20 minutes

Ingrédients : 8 petits filets de limande ; 1 gousse de vanille ;
200 ml de lait de coco ; poivre.

◆ Préchauffez le four à 350 °F. Disposez les filets de
limande dans un plat allant au four.
◆ Fendez la gousse de vanille en deux dans la longueur
et raclez les graines à l'aide de la lame d'un couteau.
Mélangez-les avec le lait de coco et versez le tout sur
le poisson. Disposez la gousse de vanille sur les côtés
du plat. Faites cuire 20 minutes.

★ L'astuce magique

Une recette originale, très parfumée et où le poisson
reste moelleux (vous pouvez aussi utiliser du cabillaud, du
lieu...). Servez avec un riz basmati.

154

Escalopes de veau milanaises

Coupe-faim

Pour 4 personnes
Préparation : 15 minutes
Cuisson : 10 minutes

Ingrédients : 4 escalopes de veau ; 8 biscottes sans sel (ou Biscottes no sel, voir recette p. 125) ; 1 c. à thé d'ail déshydraté en flocons ; 4 c. à soupe de farine ; 2 œufs ; 2 citrons ; 4 c. à soupe d'huile d'olive ; poivre.

◆ Enfermez les biscottes dans un sac congélation, réduisez-les en chapelure à l'aide d'un rouleau à pâtisserie. Mettez cette chapelure dans une assiette et mélangez-la avec l'ail et du poivre.
◆ Versez la farine dans une deuxième assiette. Battez les œufs dans une troisième assiette, creuse.
◆ Passez les escalopes de chaque côté dans la farine puis dans les œufs battus et enfin dans la chapelure.
◆ Chauffez l'huile dans une poêle, faites dorer les escalopes de chaque côté, sur un feu modéré. Il faut qu'elles dorent sans sécher. Servez aussitôt, arrosées de jus de citron.

⭐ **L'astuce magique**

La recette classique utilise un mélange fait d'un tiers de parmesan et deux tiers de chapelure, mais c'est aussi très bon sans. Servez avec des tagliatelles et un filet d'huile d'olive.

155

TAJINE DE VEAU AU CITRON

Anti-inflammatoire, anti-infections

Pour 4 personnes
Préparation : 5 minutes
Cuisson : 1 heure

Ingrédients : 1½ lb de cubes de veau ; 2 citrons ; 3 oignons ; 1 c. à soupe de gingembre frais râpé ; 2 c. à soupe de coriandre ciselée ; 4 c. à soupe d'huile d'olive ; 1 c. à thé de ras-el-hanout ; poivre.

- Pelez et émincez les oignons.
- Chauffez l'huile dans une cocotte et faites dorer les morceaux de viande. Quand ils sont dorés, retirez-les de la cocotte et remplacez par les oignons.
- Lorsque les oignons sont transparents, remettez la viande dans la cocotte. Ajoutez le jus des citrons, le gingembre, le ras-el-hanout, du poivre et un verre d'eau. Couvrez et laissez cuire 1 heure sur feu doux. Parsemez de coriandre au moment de servir.

> ★ **L'astuce magique**
>
> Attention aux citrons confits, utilisés traditionnellement dans les tajines : ils sont très salés. Notre recette demande bien des citrons frais. Accompagnez de semoule complète.

FILET MIGNON AU CUMIN ET AU POTIRON

Anticancer

Pour 4 personnes
Préparation : 10 minutes
Cuisson : 30 minutes

Ingrédients : 1 filet mignon de 600 g ; 1 quartier de potiron (800 g à 1 kg environ) ; 1 c. à thé bombée de cumin ; 2 c. à soupe d'huile d'olive ; 100 ml de crème de soja ; 1 oignon ; 1 verre de vin blanc (facultatif) ; poivre.

◆ Chauffez l'huile dans une cocotte. Pelez et émincez l'oignon, faites-le revenir. Déposez-y le filet mignon, faites-le dorer de tous les côtés, poivrez et parsemez de cumin. Versez 1 verre d'eau ou de vin blanc. Couvrez et laissez mijoter 20 minutes à feu moyen en vérifiant qu'il reste toujours un peu de liquide.

◆ Pendant ce temps, ôtez la peau du potiron, coupez la chair en cubes et faites-les cuire 10 minutes à la vapeur. Quand ils sont cuits, écrasez-les à la fourchette avec la crème et du poivre.

◆ Coupez le filet mignon en tranches et servez-le accompagné d'écrasée de potiron.

→

157

★ L'astuce magique

Ne faites jamais cuire le potiron à l'eau car il s'en gorgerait et deviendrait trop aqueux. À la place de la vapeur, vous pouvez le cuire dans un plat allant au four, coupé en cubes, assaisonnés et recouverts de papier d'alu (30 minutes environ, à 400 °F). L'eau s'évapore et le potiron concentre ses sucres et ses saveurs. Vous pouvez parfaitement utiliser du potiron surgelé, déjà coupé en dés. Beaucoup plus pratique et rapide !

Gigot d'agneau Fusion

Antioxydant, coupe-faim, protéiné

Pour 8 personnes
Préparation : 10 minutes
Cuisson : 1 heure

Ingrédients : 1 gigot d'agneau (1,5 kg environ) ; 6 c. à soupe de sirop d'érable ; 2 c. à soupe d'huile d'olive ; 1 c. à soupe de graines de moutarde ; 1 c. à thé de curcuma ; 1 c. à thé de piment d'Espelette ; 1 verre de vin blanc.

◆ Préchauffez le four à 350 °F. Mélangez le sirop d'érable, l'huile, les graines de moutarde, le curcuma et le piment d'Espelette.

◆ Installez le gigot dans un plat allant au four et enduisez-le avec la moitié de la préparation. Versez le vin blanc dans le plat ainsi que 2 verres d'eau. Faites cuire 40 minutes en arrosant régulièrement. Retournez le gigot, augmentez le thermostat à 400 °F et enduisez le gigot avec le reste de préparation aux épices. Laissez cuire encore 20 minutes en arrosant régulièrement.

> ★ **L'astuce magique**
>
> Le secret d'un gigot tendre : l'arroser très souvent avec son jus, et rajouter un peu d'eau si celui-ci s'évapore trop vite. Servez avec de la semoule complète relevée de curcuma.

PÉPITES DE POULET

Protection cardiaque

Pour 4 personnes
Préparation : 10 minutes
Cuisson : 10 minutes

Ingrédients : 4 escalopes de poulet ; 6 biscottes sans sel (ou Biscottes no sel, voir recette p. 125) ; 1 c. à soupe rase de paprika ; 1 c. à soupe rase d'origan ; 3 c. à soupe d'huile d'olive.

- Enfermez les biscottes dans un sac congélation, réduisez-les en chapelure à l'aide d'un rouleau à pâtisserie. Mettez cette chapelure dans une assiette, mélangez avec le paprika et l'origan. Coupez les escalopes de poulet en cubes, passez-les dans le mélange.
- Chauffez l'huile dans une poêle, faites dorer les cubes de poulet 5 minutes de chaque côté, jusqu'à ce qu'ils soient croustillants.

⭐ **L'astuce magique**

Au moment de servir, arrosez les pépites avec un filet de jus de citron. Servez avec de la purée de pommes de terre relevée de ciboulette ou une salade verte.

160

LASAGNES

Super-rassasiantes

Pour 4 personnes
Préparation : 20 minutes
Cuisson : 45 minutes

Ingrédients : 250 g de feuilles de lasagnes ; 1 lb de viande de bœuf hachée ; 400 ml de sauce tomate maison (voir recette p. 143) ; 400 ml de lait écrémé ; 5 c. à soupe de fécule de maïs ; 2 c. à soupe de levure maltée ; 1 gros oignon ; 2 gousses d'ail ; 2 c. à soupe d'huile d'olive ; poivre du moulin.

◆ Préchauffez le four à 400 °F. Pelez et émincez l'oignon. Chauffez l'huile dans une grande sauteuse et faites fondre l'oignon pendant 5 minutes à feu doux.

◆ Ajoutez l'ail pelé et pressé, la viande, poivrez et faites cuire 5 minutes. Versez la sauce tomate et mélangez.

◆ Délayez la fécule avec un peu de lait dans un saladier. Portez le reste de lait à ébullition. Dès qu'il frémit, versez sur le mélange de fécule tout en fouettant. Reversez dans la casserole et faites épaissir à feu doux en remuant.

◆ Quand la sauce a pris la texture souhaitée, ôtez du feu et incorporez la levure maltée. Versez un peu de la sauce dans un plat à gratin, recouvrez de feuilles de lasagnes rangées côte à côte, répartissez la moitié de la viande, une nouvelle couche de lasagnes, de la béchamel, des lasagnes puis le reste de la viande.

→

Terminez par une couche de lasagnes et le reste de béchamel et faites cuire 30 minutes environ.

⭐ L'astuce magique

Les feuilles de lasagnes se trouvent au rayon « pâtes ». Préparé à l'avance, ce plat se conserve très bien au réfrigérateur, et sera même encore meilleur réchauffé.

Œufs cocotte au curry

Bons pour les yeux

Pour 4 personnes
Préparation : 5 minutes
Cuisson : 10 minutes

Ingrédients : 4 œufs ; 8 c. à soupe de crème allégée à 8 % ; 2 c. à thé de curry ; 1 c. à soupe de persil ciselé.

* Préchauffez le four à 350 °F. Mélangez la crème et le curry, répartissez dans 4 ramequins à four. Cassez un œuf par-dessus, recouvrez avec une seconde cuillère de crème et enfournez 10 minutes.
* Parsemez de persil à la sortie du four et servez aussitôt.

⭐ L'astuce magique

Accompagnez ces œufs de morceaux de pain taillés dans notre recette de pain de mie. Faites-les dorer 10 minutes environ au four.

163

OMELETTE PIQUANTE

Minceur, brûle-graisses

Pour 4 personnes
Préparation : 5 minutes
Cuisson : 10 minutes

Ingrédients : 8 œufs ; 4 grosses pincées de graines germées (radis, poireaux, luzerne…) ; 2 c. à soupe d'huile d'olive ; quelques pincées de piment d'Espelette (selon vos goûts).

+ Cassez les œufs dans un saladier et battez-les en omelette avec le piment d'Espelette.
+ Chauffez l'huile dans une poêle antiadhésive, versez les œufs et faites-les cuire en ramenant les bords vers le centre.
+ Dès que l'omelette est prise, et encore un peu baveuse, ôtez du feu. Répartissez les graines germées, repliez l'omelette et servez en parts.

☆ L'astuce magique

Les graines germées se trouvent en barquettes, au rayon frais des magasins bio et de certains supermarchés. On peut aussi les faire pousser soi-même dans un germoir, à la cuisine. C'est facile ! Rincez-les avant utilisation dans une passoire fine.

PAPILLOTES DE MERLAN À L'AVOCAT

Anticholestérol

Pour 4 personnes
Préparation : 10 minutes
Cuisson : 15 minutes

Ingrédients : 4 gros filets de merlan (ou 8 petits) ; 2 avocats pas trop mûrs ; 1 citron ; 1 tomate ; 2 c. à soupe de coriandre ciselée ; poivre.

- Préchauffez le four à 460 °F. Pelez les avocats, ôtez les noyaux, écrasez la chair à la fourchette. Coupez la tomate en dés, éliminez les pépins. Ajoutez-les à la purée d'avocat ainsi que le jus du citron et poivrez.
- Étalez la préparation sur une face de chaque filet de poisson, superposez-les par deux et disposez chaque paire sur un rectangle de papier sulfurisé. Refermez la papillote et faites cuire 15 minutes environ.
- Parsemez de coriandre ciselée en ouvrant les papillotes.

★ L'astuce magique

L'avocat apporte beaucoup de douceur au poisson, essayez ! Accompagnez ces papillotes de riz complet ou de riz sauvage.

PENNE AU SAUMON ET AUX ÉPINARDS

Spécial cerveau, antivieillissement

Pour 4 personnes
Préparation : 10 minutes
Cuisson : 20 à 25 minutes

Ingrédients : 250 g de penne complets ; 200 g d'épinards en branches surgelés ; 100 ml de crème de soja ; 12 tomates cerises ; 200 g de saumon (frais ou surgelé) ; poivre.

◆ Plongez le saumon 10 minutes dans un court-bouillon, égouttez. Pendant ce temps, faites décongeler les épinards avec un fond d'eau dans une casserole pendant 10 minutes. Égouttez soigneusement. Remettez dans la casserole avec la crème et du poivre.

◆ Faites cuire les pâtes selon les indications du paquet (10 à 15 minutes environ à l'eau bouillante). Égouttez et ajoutez aux épinards ainsi que les tomates cerises coupées en deux et le saumon détaché en petits morceaux. Réchauffez quelques minutes en mélangeant délicatement.

☆ L'astuce magique

Au moment de servir, parsemez ce plat d'amandes effilées légèrement dorées dans une poêle antiadhésive.

166

POULET AU GINGEMBRE

Ventre plat, fluidité sanguine

Pour 4 personnes
Préparation : 5 minutes
Cuisson : 10 minutes

Ingrédients : 4 blancs de poulet ; 1 c. à soupe de gingembre haché surgelé ; 1 oignon ; 1 gousse d'ail ; 1 c. à soupe d'huile d'olive ; poivre.

◆ Pelez et émincez l'oignon et l'ail. Coupez le poulet en cubes. Chauffez l'huile dans une sauteuse et jetez-y l'oignon, l'ail et les cubes de viande. Poivrez, ajoutez le gingembre, laissez revenir 2 minutes en remuant.
◆ Baissez le feu et faites cuire encore 8 minutes.

⭐ **L'astuce magique**

Donnez une touche de couleur au poulet (tout en lui apportant des antioxydants !) en y ajoutant 1 c. à thé de curcuma. Servez avec du riz complet.

SARDINES GRILLÉES

Protection cardiaque, régime crétois

Pour 4 personnes
Préparation : 5 minutes
Cuisson : 4 à 6 minutes

Ingrédients : 16 sardines vidées par le poissonnier ; 3 c. à soupe d'huile d'olive ; 2 citrons ; 2 c. à soupe de persil ciselé ; poivre.

◆ Rincez les sardines et séchez-les avec du papier absorbant. Pressez les citrons, fouettez le jus avec 2 c. à soupe d'huile, le persil et du poivre.

◆ Huilez légèrement les sardines avec le reste d'huile et faites-les griller 2 à 3 minutes de chaque côté. Rangez-les sur un plat, versez la vinaigrette et servez chaud.

★ L'astuce magique

Utilisez une poêle-gril si vous en avez une, ou une plancha. Sinon, optez pour le gril du four, bien préchauffé au préalable.
Accompagnez de tomates à la provençale : faites cuire des demi-tomates au four, arrosées d'huile d'olive et saupoudrées de chapelure sans sel (voir recette p. 136).

SHIRATAKIS AU POULET

Sans gluten, brûle-graisses

Pour 4 personnes
Préparation : 5 minutes
Cuisson : 13 minutes

Ingrédients : 2 paquets de shiratakis de konjac ; 400 g de blancs de poulet ; 1 c. à thé bombée de curry ; 1 c. à thé bombée de grains de cumin ; 2 c. à soupe de persil ciselé ; 1 c. à soupe d'huile d'olive ; poivre.

* Égouttez les shiratakis dans une passoire et rincez-les sous un filet d'eau froide. Plongez-les 1 minute dans une casserole d'eau frémissante puis égouttez à nouveau.
* Coupez le poulet en cubes. Dans une assiette creuse, mélangez le curry, le cumin, le persil et du poivre. Passez-y les cubes de poulet.
* Chauffez l'huile dans une grande poêle antiadhésive et faites dorer le poulet de tous les côtés. Laissez cuire 10 minutes environ puis ajoutez les shiratakis. Mélangez rapidement et chauffez encore 2 minutes.

⭐ **L'astuce magique**

Les shiratakis sont des nouilles de konjac, les fameuses « pâtes sans calories ». Vous les trouverez dans les épiceries japonaises, sur Internet ou dans certaines grandes surfaces.

Spaghettis bolognaise (végétale)

Super-rassasiants, anticholestérol

Pour 4 personnes
Préparation : 5 minutes
Cuisson : 15 minutes environ

Ingrédients : 250 g de spaghettis ; 400 g de tofu ; 400 ml de sauce tomate maison (voir p. 143) ; 1 gousse d'ail ; 1 c. à soupe d'huile d'olive ; ½ c. à thé de paprika.

◆ Faites cuire les spaghettis selon les indications données sur le paquet.
◆ Pendant ce temps, pelez et pressez la gousse d'ail. Égouttez le tofu et coupez-le en tout petits dés. Chauffez l'huile dans une sauteuse avec l'ail puis ajoutez le tofu et le paprika. Laissez cuire 5 minutes, versez la sauce tomate et faites cuire encore 3 minutes.
◆ Égouttez les pâtes, nappez de sauce et servez aussitôt.

☆ L'astuce magique

Personnalisez la recette en ajoutant au choix du thym, de l'origan, ou des feuilles de basilic fraîches.

170

Mes accompagnements sans sel

ÉPINARDS À LA MUSCADE

Santé des yeux, équilibre acido-basique

Pour 4 personnes
Préparation : 10 minutes
Cuisson : 10 minutes

Ingrédients : 1 kg d'épinards en branches surgelés ; 2 tasses de lait écrémé ; 110 ml de fécule de maïs ; ½ c. à thé de muscade en poudre ; 2 c. à soupe de levure maltée ; poivre.

◆ Faites décongeler les épinards selon les indications données sur le paquet (10 minutes environ à la casserole) puis égouttez-les.
◆ Préchauffez le four à 400 °F. Délayez la fécule avec un peu de lait dans un grand saladier. Portez le reste de lait à ébullition avec la muscade. Dès qu'il frémit, versez sur le mélange de fécule tout en fouettant. Reversez dans la casserole et faites épaissir à feu doux sans cesser de remuer.
◆ Quand la sauce a pris la texture souhaitée, ôtez du feu, incorporez la levure maltée, les épinards et poivrez.

★ L'astuce magique

Vous pouvez remplacer le lait écrémé par du lait de soja. Servez ces épinards avec un pavé de saumon.

172

FLANS DE CAROTTES AU CUMIN

Bonne mine, antifatigue

Pour 4 personnes
Préparation : 10 minutes
Cuisson : 20 minutes

Ingrédients : 6 carottes ; 200 ml de crème de soja ; 4 œufs ; 1 c. à soupe de son d'avoine ; 1 c. à thé de graines de cumin ; poivre.

- Préchauffez le four à 400 °F. Épluchez et râpez les carottes. Fouettez les œufs avec la crème, poivrez, ajoutez le cumin et le son d'avoine.
- Versez dans des ramequins et faites cuire 20 minutes.

⭐ L'astuce magique

Réveillez la saveur du cumin en chauffant les graines quelques instants dans une poêle antiadhésive. Attention, ne les laissez pas noircir !

FLANS DE CHAMPIGNONS AUX NOISETTES

Antihypertension, antidiabète

Pour 8 moules à muffins
Préparation : 10 minutes
Cuisson : 50 minutes

Ingrédients : 400 g de champignons de Paris ; 4 œufs ; 200 ml de crème de soja ; 1 c. à soupe de son d'avoine ; 2 c. à soupe de noisettes concassées ; 1 c. à soupe de ciboulette ciselée ; 1 c. à soupe d'huile d'olive ; poivre.

* Préchauffez le four à 400 °F. Coupez les champignons en morceaux après avoir éliminé leur pied. Chauffez l'huile dans une poêle, faites-les revenir 10 minutes environ, en remuant, jusqu'à ce qu'ils aient rendu leur eau. Poivrez et ajoutez la ciboulette et les noisettes.
* Battez les œufs dans un saladier avec la crème de soja et le son d'avoine. Ajoutez les champignons, mélangez et répartissez dans les alvéoles d'un moule en silicone, type moules à muffins. Faites cuire 30 minutes environ puis démoulez et servez chaud ou froid.

☆ L'astuce magique

Aromatisez ces flans avec un peu de muscade râpée. Servez en accompagnement d'une viande rouge grillée ou d'une volaille.

174

POÊLÉE D'AUBERGINES AUX PIGNONS

Anticholestérol, antihypertension

Pour 4 personnes
Préparation : 5 minutes
Cuisson : 15 minutes

Ingrédients : 4 aubergines ; 3 c. à soupe de pignons ; 1 gousse d'ail ; 1 c. à soupe de ciboulette ciselée ; 2 c. à soupe d'huile d'olive ; poivre.

◆ Ôtez les extrémités des aubergines, coupez-les en tronçons de 5 cm puis détaillez-les en cubes. Pelez et pressez l'ail.

◆ Chauffez l'huile dans une sauteuse, faites-y revenir les aubergines pendant 5 minutes environ, avec du poivre et l'ail, en remuant de temps en temps. Laissez cuire 10 minutes, jusqu'à ce qu'elles soient tendres. Pendant ce temps, chauffez les pignons quelques instants dans une poêle antiadhésive (ne les laissez pas noircir). Parsemez-les sur les aubergines ainsi que la ciboulette.

★ L'astuce magique

Vous pouvez remplacer le poivre par un peu de paprika.

175

Poireaux à la crème au curry

Diurétiques, super-légers, antihypertension

Pour 4 personnes
Préparation : 5 minutes
Cuisson : 20 minutes

Ingrédients : 3 gros blancs de poireaux ; 200 ml de crème de soja ; 1 c. à thé bombée de curry en poudre.

- Éliminez la base des poireaux puis coupez-les en tronçons de 1 cm environ.
- Faites-les cuire 20 minutes à la vapeur. Quand ils sont tendres, mettez-les dans une casserole, ajoutez la crème de soja et le curry puis chauffez encore quelques instants à feu doux.

☆ L'astuce magique

N'oubliez pas : votre curry doit être 100 % épices, absolument sans sel ! Vérifiez bien sur l'étiquette. Servez avec un poisson blanc ou un blanc de volaille.

PURÉE BI-GOÛT

Antidéprime, jolie peau

Pour 4 personnes
Préparation : 5 minutes
Cuisson : 20 minutes

Ingrédients : 7 carottes ; 3 pommes de terre ; 1 capsule de safran ; 2 c. à soupe de crème allégée à 8 % ; poivre.

* Épluchez les carottes et les pommes de terre et faites-les cuire à l'eau bouillante 20 minutes.
* Égouttez-les, passez au moulin à légumes. Ajoutez la crème, le safran, poivrez.

☆ L'astuce magique

Servez cette purée avec des brochettes d'agneau grillées. Vous pouvez remplacer la crème par 100 ml de crème de soja.

177

Risotto aux champignons

Anti-rétention d'eau, bonne nuit

Pour 4 personnes
Préparation : 25 minutes
Cuisson : 25 minutes

Ingrédients : 300 g de riz spécial risotto ; 12 champignons de Paris ; 1,4 l de bouillon de légumes chaud* ; 1 échalote ; 2 c. à soupe d'huile d'olive ; 1 petit verre de vin blanc sec ; 3 c. à soupe de levure maltée ; 1 c. à soupe bombée de crème de soja ; poivre.

* Pelez et émincez l'échalote. Chauffez l'huile dans une cocotte. Nettoyez les champignons, émincez-les et faites-les suer avec l'échalote dans la cocotte.
* Ajoutez le riz, mélangez jusqu'à ce qu'il devienne transparent, puis versez le vin blanc. Quand il est absorbé, versez une louche de bouillon et remuez jusqu'à ce qu'elle soit absorbée.
* Continuez ainsi, jusqu'à ce que tout le bouillon soit incorporé et le riz cuit. Ajoutez la crème et la levure maltée. Servez dans des assiettes et donnez un tour de moulin à poivre.

☆ L'astuce magique

Ajoutez un peu de ciboulette au moment de servir avec un œuf poché.

---

* Évidemment, le bouillon de légumes est fait maison, à partir d'eau de cuisson de poireaux par exemple, ou alors, réalisé avec un bouillon en cube sans sel ajouté.

SHIRATAKIS AUX COURGETTES

Coupe-faim, minceur, anticholestérol

Pour 4 personnes
Préparation : 10 minutes
Cuisson : 10 minutes environ

Ingrédients : 2 paquets de shiratakis de konjac ; 3 courgettes ; 100 ml de crème de soja ; 1 c. à thé de thym ; 2 c. à soupe d'huile d'olive ; poivre.

◆ Rincez les courgettes, ôtez les extrémités et taillez-les en tout petits dés. Chauffez l'huile dans une sauteuse, faites revenir les dés de courgettes pendant 10 minutes, en remuant.

◆ Égouttez les shiratakis dans une passoire et rincez-les sous un filet d'eau froide. Plongez-les 1 minute dans une casserole d'eau frémissante et égouttez à nouveau.

◆ Mélangez-les délicatement avec la crème de soja, le thym, du poivre, puis ajoutez les dés de courgettes et réchauffez quelques instants.

☆ L'astuce magique

La crème de soja apporte une saveur très douce à la recette mais vous pouvez la remplacer par de la crème allégée « classique ».
Au fait, connaissez-vous les shiratakis ? Non ? Alors allez p. 169.

179

SPAGHETTIS À LA ROQUETTE

Anticholestérol, antihypertension

Pour 4 personnes
Préparation : 10 minutes
Cuisson : 15 minutes environ

Ingrédients : 250 g de spaghettis complets ; 1 poignée de roquette ; 4 c. à soupe de pignons de pin ; 100 ml de crème de soja (ou de crème allégée à 8 %) ; 2 c. à soupe d'huile d'olive ; poivre.

+ Plongez les pâtes dans un grand volume d'eau bouillante et faites-les cuire *al dente*, en suivant les indications de temps données sur le paquet (10 à 15 minutes environ).
+ Chauffez les pignons dans une poêle antiadhésive (sans les laisser noircir) de façon à les faire dorer et les rendre légèrement croquants.
+ Quand les spaghettis sont cuits, égouttez-les puis versez l'huile d'olive dans la casserole vide. Chauffez-la, ajoutez la roquette et faites-la fondre 2 minutes en mélangeant. Poivrez, versez la crème et remettez les pâtes. Mélangez délicatement, parsemez de pignons et servez aussitôt.

☆ L'astuce magique

Grâce à son parfum poivré et puissant, la roquette relève immédiatement tous les aliments qu'elle approche. Ces spaghettis accompagneront très bien une viande rouge grillée ou un poisson blanc vapeur.

TAGLIATELLES AUX ASPERGES

Anti-rétention d'eau, jambes légères

Pour 4 personnes
Préparation : 10 minutes
Cuisson : 10 minutes environ

Ingrédients : 400 g de tagliatelles fraîches ; 400 g d'asperges vertes (fraîches ou surgelées) ; 1 c. à soupe d'huile d'olive ; 1 gousse d'ail ; 1 c. à soupe de persil ciselé ; poivre.

◆ Si les asperges sont fraîches, rincez-les et épluchez-les. Coupez-les en tronçons (si elles sont surgelées, faites-le à l'aide d'un couteau à dents), faites-les suer dans une poêle pendant 5 à 6 minutes avec l'huile et l'ail pelé et pressé, tout en remuant.

◆ Faites cuire les tagliatelles à l'eau bouillante, selon les indications données sur le paquet (2 à 3 minutes environ). Égouttez-les, ajoutez les tronçons d'asperges, poivrez et parsemez de persil. Servez aussitôt.

★ L'astuce magique

Évidemment, pas d'asperges en bocal, trop salées. En plus, leur texture est molle et nettement moins agréable que celle des asperges fraîches, ou surgelées (tout à fait honorables).

Mon plateau de fromages

Fromage frais à tartiner à l'ail et aux fines herbes

Bon pour les os, super-immunité

Pour 4 personnes
Préparation : 10 minutes
Égouttage : 30 minutes
Sans cuisson
Réfrigération : 1 heure

Ingrédients : 300 g de fromage frais ; 1 petite gousse d'ail ; 2 c. à soupe de ciboulette ciselée ; poivre 5 baies.

◆ Faites égoutter le fromage frais dans une passoire fine, 30 minutes.
◆ Pelez et pressez la gousse d'ail. Mettez le fromage dans un bol avec l'ail, la ciboulette et quelques tours de moulin à poivre, mélangez et laissez reposer 1 minute au réfrigérateur.

★ L'astuce magique

Évidemment, vous pouvez troquer la ciboulette contre du persil, de l'estragon, du basilic... Modifiez la recette selon vos envies, et dégustez-la sur l'un de nos pains (recettes p. 124, 127, 129, 130).

BOULES AUX FRUITS SECS

Bonnes pour les os, coupe-faim

Pour 4 personnes
Préparation : 10 minutes
Égouttage : 12 heures
Sans cuisson
Réfrigération : 12 heures

Ingrédients : 500 g de fromage frais ; 5 c. à soupe de raisins secs Sultana ; 6 noix.

* Faites égoutter le fromage dans une passoire fine pendant une nuit.
* Cassez les noix et récupérez les éclats. Recoupez-les en petits morceaux et mélangez-les avec les raisins secs dans une assiette.
* Divisez le fromage égoutté en 4 portions et donnez-leur une forme ronde. Déposez-les dans le mélange de fruits, roulez-les délicatement de façon à les en enrober, puis déposez-les sur un plat.

★ L'astuce magique

Pour que les boules se tiennent le mieux possible, choisissez du fromage frais «entier» et laissez-le vraiment égoutter une nuit. Vous pouvez ajouter un tour de moulin à poivre dans le mélange raisins-noix, ou quelques pincées de cannelle. Servez-les avec une salade frisée bien vinaigrée.

185

FROMAGES AUX HERBES PROVENÇALES

Bons pour les os, antioxydants

Pour 4 personnes
Préparation : 10 minutes
Sans cuisson
Égouttage : 12 heures

Ingrédients : 400 g de fromage frais ; 2 c. à soupe de ciboulette ciselée ; 2 c. à soupe d'herbes de Provence ; poivre 5 baies.

◆ Laissez le fromage frais égoutter toute une nuit dans une passoire fine.
◆ Dans une assiette, mélangez la ciboulette, les herbes de Provence et un tour de moulin à poivre.
◆ Recouvrez le fromage du mélange d'herbes. Rangez sur une assiette.

⭐ **L'astuce magique**

Servez avec des tranches de pain aux noix grillées (recette p. 129).

186

Mon plateau apéritif qui triche

CHIPS ZÉRO

Extra-légères, super-minceur

Pour 4 personnes
Préparation : 10 minutes
Cuisson : 6 à 10 minutes

Ingrédients : 4 pommes de terre ; 1 c. à thé de l'épice de votre choix : cumin en poudre, curry, curcuma, paprika...

◆ Épluchez les pommes de terre et tranchez-les à l'aide d'une mandoline. Tamponnez-les avec du papier absorbant de façon à les sécher puis étalez-les sur un plateau.

◆ Faites cuire au micro-ondes selon la puissance de votre appareil (entre 6 et 10 minutes) puis laissez refroidir 30 secondes. Mettez dans un bol et servez.

⭐ L'astuce magique

Le résultat ? 30 mg de sodium contre 500 mg pour des chips classiques en moyenne. Si vous pensez faire régulièrement ces chips minceur, sans sel et croustillantes, offrez-vous ces plateaux spéciaux (magasins de cuisine spécialisés). Petit investissement au départ, mais vite amorti. Vous pourrez aussi y préparer des chips de carottes, de betteraves, de pommes...

GUACAMOLE

*Anticholestérol, antihypertension,
super-antioxydant, super-détox*

*Pour 4 personnes
Préparation : 10 minutes
Sans cuisson*

Ingrédients : 2 avocats bien mûrs ; 1 tomate ; 1 oignon ;
1 pincée de piment de Cayenne ; 1 citron ; 2 c. à soupe de coriandre
ciselée.

- Pressez le citron, pelez et hachez finement l'oignon. Rincez la tomate, coupez-la en tout petits dés.
- Pelez les avocats, ôtez les noyaux et écrasez leur chair à l'aide d'une fourchette. Ajoutez le jus du citron, l'oignon, la coriandre, le piment de Cayenne. Incorporez les dés de tomate. Servez aussitôt.

★ L'astuce magique

Servez en entrée avec des quartiers de tomates, ou en apéritif, avec des bâtonnets de légumes. Si vous aimez les saveurs plus relevées, augmentez les proportions de piment de Cayenne ou ajoutez 1 ou 2 gouttes de Tabasco.

JUS DE TOMATE

Super-anti-âge

Pour 4 personnes
Préparation : 10 minutes
Cuisson : 1 minute

Ingrédients : 8 tomates ; 1 c. à thé de paprika ; 1 c. à soupe de vinaigre balsamique.

◆ Faites une entaille sur chaque tomate à l'aide d'un couteau tranchant, plongez-les dans une casserole d'eau bouillante 1 minute puis égouttez-les et pelez-les. Coupez-les en quartiers, ôtez les pépins.
◆ Mixez finement cette chair avec le paprika et le vinaigre balsamique. Placez au frais jusqu'au moment de servir.

⭐ **L'astuce magique**

Pas de sel au céleri pour servir, bien sûr ! Mais des herbes fraîches, ou une pincée de piment d'Espelette, pourquoi pas ?

Rillettes de saumon

Spécial cerveau, antistress

Pour 4 personnes
Préparation : 10 minutes
Égouttage : 1 heure
Cuisson : 10 minutes
Réfrigération : 1 heure

Ingrédients : 250 g de saumon frais ; 300 g de fromage frais ; 1 c. à soupe d'huile d'olive ; 2 c. à thé d'aneth ; poivre 5 baies.

◆ Faites égoutter le fromage frais dans une passoire fine pendant 1 heure.

◆ Faites cuire le saumon 10 minutes dans une casserole d'eau frémissante. Égouttez, laissez refroidir.

◆ Coupez le poisson en morceaux et écrasez-les à l'aide d'une fourchette. Ajoutez le fromage égoutté, l'huile d'olive, l'aneth et quelques tours de poivre 5 baies. Mélangez de façon à obtenir une préparation onctueuse. Placez 1 heure environ au réfrigérateur.

⭐ **L'astuce magique**

Servez ces rillettes sur de fines tranches de pain au sarrasin maison (voir recette p. 130) ou des rondelles de concombre.

SAUCE SALSA

Super-anti-âge, top antioxydante

Pour 1 bol de sauce
Préparation : 10 minutes
Cuisson : 1 minute
Réfrigération : 2 heures

Ingrédients : ½ poivron vert ; ½ poivron rouge ; ½ oignon doux ; 6 tomates ; 1 grosse pincée de paprika ; 1 grosse pincée de piment de Cayenne ; 1 c. à soupe de coriandre ciselée ; 2 c. à soupe de vinaigre de vin.

* Rincez les tomates, entaillez-les en croix à l'aide d'un couteau tranchant et plongez-les 1 minute dans une casserole d'eau bouillante. Égouttez, pelez-les et épépinez-les. Coupez la chair en dés, égouttez-les dans une passoire fine.
* Pelez l'oignon, coupez-le en tout petits dés ainsi que la chair des poivrons. Mélangez la chair de tomate égouttée, les dés de poivrons et d'oignon, les épices, la coriandre et le vinaigre. Laissez reposer 2 heures minimum au réfrigérateur.

☆ L'astuce magique

Vous pouvez ajouter une petite gousse d'ail pelée et pressée. Plus les dés d'oignon et de poivrons seront petits, meilleure sera la sauce : appliquez-vous ! Si vous avez le temps, laissez-la reposer une nuit au frais, les parfums auront eu le temps de bien se mélanger.

192

Mes desserts spécial antihypertension

FRAISES AU CITRON ET AU BASILIC

Tonus, minceur

Pour 4 personnes
Préparation : 10 minutes
Cuisson : 3 minutes
Réfrigération : 1 heure

Ingrédients : 3 tasses de fraises ; 3 bandes de zestes de citron bio ; 3 c. à soupe de sirop d'érable ; 2 c. à soupe de basilic ciselé.

◆ Plongez les zestes dans une petite casserole d'eau bouillante pendant 30 secondes, égouttez, recommencez l'opération avec une eau propre puis égouttez à nouveau. Coupez-les en fines lanières.

◆ Rincez et séchez délicatement les fraises, équeutez-les, coupez-les en deux ou en quatre selon leur taille et mettez-les dans un saladier avec le sirop d'érable, les zestes de citron et le basilic. Mélangez et laissez reposer 1 heure au réfrigérateur.

☆ L'astuce magique

Choisissez des fraises québécoises plutôt que de Californie. Hors saison ? Remplacez-les par des fruits rouges surgelés, que vous laisserez décongeler avant utilisation (conservez alors leur jus). Si vous trouvez du basilic violet, la recette sera encore plus jolie.

194

GASPACHO DE PASTÈQUE À LA MENTHE

Belle peau, équilibre acido-basique

Pour 4 personnes
Préparation : 5 minutes
Sans cuisson
Réfrigération : 1 heure

Ingrédients : ¼ de pastèque ; 1 c. à soupe de miel ; 1 c. à soupe de menthe ciselée.

* Ôtez les pépins de la pastèque, éliminez la peau, coupez la chair en cubes.
* Mixez finement la chair avec le miel et la menthe.
* Réservez 1 heure au réfrigérateur avant de servir.

★ L'astuce magique

La pastèque doit être bien mûre et tendre pour que la recette soit goûteuse. Choisissez-la avec une chair bien rose. Vous pouvez aussi prendre du melon : toujours bien mûr, donc lourd en main, odorant, et avec une peau souple autour du pédoncule.

195

Infusion de cerises à l'hibiscus

Super-antioxydante, antirhumatismes (goutte)

Pour 4 personnes
Préparation : 10 minutes
Cuisson : 12 à 13 minutes

Ingrédients : 5 tasses de cerises dénoyautées (fraîches ou surgelées) ; 1 c. à soupe de fleurs d'hibiscus ; 2 c. à soupe de sirop d'érable ; 1 c. à thé de cannelle en poudre ; 1 c. à soupe d'amandes effilées.

◆ Faites infuser les fleurs d'hibiscus dans 400 ml d'eau frémissante pendant 8 minutes.
◆ Mettez les cerises dans une casserole, ajoutez l'infusion filtrée, le sirop d'érable et la cannelle. Chauffez 10 minutes sur feu doux à couvert.
◆ Dans une poêle antiadhésive, faites griller les amandes effilées 2 à 3 minutes sans les laisser noircir.
◆ Répartissez les cerises et leur jus dans des ramequins, laissez refroidir. Parsemez d'amandes au moment de servir.

★ L'astuce magique

Les fleurs d'hibiscus se trouvent en magasins bio ou chez les épiciers orientaux.

196

MES GALETTES BRETONNES SUR MESURE

Sans gluten

Pour 25 sablés
Préparation : 10 minutes
Cuisson : 15 minutes

Ingrédients : 150 g de farine de sarrasin ; 100 g de fécule de maïs ; ½ sachet de levure chimique ; 125 g de beurre mou ; 100 g de sucre ; 1 œuf.

* Préchauffez le four à 325-350 °F. Tamisez la farine, la fécule et la levure dans un saladier. Ajoutez le sucre et le beurre coupé en morceaux, et frottez entre vos doigts pour obtenir une pâte sableuse.
* Incorporez l'œuf et pétrissez rapidement pour obtenir une pâte lisse et homogène.
* Étalez la pâte sur 5 mm d'épaisseur, découpez des petits cercles à l'aide d'un emporte-pièce, déposez-les sur une feuille de papier sulfurisé et faites cuire 15 minutes environ. Les biscuits doivent légèrement dorer.

★ L'astuce magique

Ce qui est bon dans les sablés ? Le beurre salé, d'accord. Ici, ils sont préparés avec de la farine de sarrasin, qui type leur goût et permet d'oublier qu'il n'y a pas de sel. La petite gourmandise en plus : trempez-les à moitié dans du chocolat noir fondu et laissez refroidir.

SALADE DE FRUITS À LA VERVEINE

Super-équilibre acido-basique

Pour 8 personnes
Préparation : 15 minutes
Sans cuisson
Réfrigération : 1 heure

Ingrédients : 1 ananas ; ½ melon charentais ; 2 tasses de fraises ; 2 bananes ; 1 pomme verte ; 2 poires ; 2 pêches ; 2 nectarines ; 2 kiwis ; 8 feuilles de verveine fraîche ; 4 c. à soupe de sirop d'érable.

* Coupez l'ananas en quatre, ôtez l'écorce et le cœur et taillez la chair en dés. Épépinez le melon, taillez la chair en billes ou en dés. Équeutez les fraises, coupez les bananes en rondelles, et tous les autres fruits en dés.
* Ciselez la verveine à l'aide d'une paire de ciseaux, mélangez avec les fruits et le sirop d'érable dans un saladier. Réservez 1 heure au réfrigérateur.

> ⭐ **L'astuce magique**
>
> Une salade parfaite pour les grandes tablées. Adaptez la recette aux fruits de saison : pensez aux mangues, aux papayes…

198

Tartare d'ananas à la coriandre

Digestion super-facile

Pour 4 personnes
Préparation : 15 minutes
Sans cuisson

Ingrédients : 1 ananas ; 3 c. à soupe de sirop d'érable ; 1 c. à thé de coriandre ciselée.

♦ Ôtez l'écorce de l'ananas, le cœur puis taillez la chair en tout petits dés.
♦ Mettez dans un saladier, versez le sirop d'érable, ajoutez la coriandre et mélangez.

⭐ **L'astuce magique**

Plus les dés d'ananas seront petits, meilleure sera la répartition de la coriandre. Si possible, laissez reposer cette salade 1 ou 2 heures (au réfrigérateur ou à température ambiante si vous la servez dans la foulée), les saveurs auront eu le temps de bien se répartir.

Annexes

1. Il y a 1 gramme de sel dans...

Les aliments des pages suivantes ne sont donnés qu'à titre indicatif. Certaines marques peuvent modifier légèrement leurs recettes, ou d'une marque à l'autre, il peut y avoir d'énormes différences. Considérez simplement qu'il s'agit d'une moyenne, afin de mieux vous rendre compte des mines de sel « caché » dans les aliments les plus courants.

1. *Pour tous :* ne dépassez pas 5, maximum 6 g de sel par jour.
2. *En cas de problème médical, comme de l'hypertension artérielle :* descendez à 4 g.
3. *Et en cas de traitement à la cortisone,* c'est encore plus bas qu'il faut viser : 2 g.

Les pages suivantes vont vous aider à faire le tri, et à profiter des aliments dont vous ne pouvez vraiment pas vous passer. Impossible pour vous de renoncer au fromage ? D'accord, mais il faudra « couper » ailleurs, comme abandonner les légumes en conserve. Vous voyez l'idée. Cela permet tout de même une certaine souplesse, plutôt que de tout s'interdire, ce qui n'est ni souhaitable ni agréable !

IL Y A 1 G DE SEL DANS :

Sel et équivalents :
- 3 pincées de sel
- 1 petit sachet de sel
- 3 g de glutamate de sodium

Apéritif (& à grignoter) :
- 5 olives
- 8 petits cornichons
- 60 g de chips
- 5 saucisses cocktail
- 1 à 2 belles rondelles de saucisse sèche, saucisson, salami, etc.

Céréales pour petit déjeuner :
- 30 g de flocons de maïs
- 200 g de muesli « simple » (sans pépites de chocolat par exemple)

Pain :
- 60 g de baguette, pain de campagne, pain complet, pain grillé
- 70 g de viennoise
- 80 g de pain de mie, pain au son

- 100 g de pain très blanc (type pains ronds à hamburger)
- 6 biscottes

Pâtisseries et viennoiseries :
Boulangerie
- 1 viennoiserie : brioche, brioche suisse, croissant au beurre, pain au chocolat, au raisin, au lait (grand modèle), chausson aux pommes, petit croissant aux amandes, 3 petits beignets, etc.)
- 1 gâteau en général (tarte aux fruits, éclair...)

Supermarché :
- 2 viennoiseries : croissants, petits pains au lait, petites tranches de brioche, beignets

Charcuterie et produits traiteur :
- 1 crêpe fourrée fromage/jambon (petit modèle)
- 1 gros croissant au jambon, friand (fromage, viande...)
- 1 grand hot-dog
- 1 rouleau de printemps ou 2 nems (petit modèle)
- 1 grosse part de tarte/tourte (fromage, légumes...), quiche
- 2 tomates farcies
- 25 g de bacon ou de poitrine fumée
- 45 à 50 g de saucisse (chipolata, merguez, saucisse de volaille)
- 50 g de jambon blanc (ou « jambon » de dinde, de poulet...)
- 50 à 60 g de pâté de campagne, de foie, etc.
- 50 g de boudin (blanc ou noir)
- 60 à 65 g d'andouillette ou de chair à saucisse

- 60 g de choucroute
- 70 g de steak haché de jambon
- 80 g à 100 g de rillettes (porc, lapin)
- 100 g de cassoulet, lasagnes, moussaka
- 120 g de paella
- 120 g de chili con carne
- 150 g de couscous
- 150 g de cannellonis
- 1 steak de soja nature ou tomate

Poisson fumé et préparations au poisson :
(Égouttez toujours vos poissons en boîte !)
- 2 anchois
- 4 bâtonnets de surimi
- 30 g de saumon fumé
- 30 g de terrine/mousse/rillettes de poissons
- 50 g de beignet de poisson ou de crevettes
- 50 g de haddock
- 50 g de filet de hareng mariné
- 50 g de tarama
- 70 g de hareng fumé
- 70 g de maquereau en boîte
- 80 g de sardines en boîte
- 90 g de thon en boîte
- 100 g de morue (brandade...)
- 100 g de poisson pané, pépites

Coquillages et crustacés :
- 25 g de crevettes roses, cuites
- 40 g de bigorneaux
- 50 g de moules marinières
- 55 g de chair de crabe (boîte)
- 100 g de seiche/poulpe

- 10 huîtres
- 150 g de calamars/encornets (frits)
- 250 g de calamars/encornets (non frits)
- 250 g de coques, couteaux, praires, pétoncles
- 250 g de noix de pétoncles ou de Saint-Jacques

Fromage :
- 25 g de feta, maroilles, roquefort
- 35 g de bleu
- 40 g de cantal, morbier, munster, parmesan
- 40 g de fromages allégés
- 50 g de brie, camembert, cheddar, chèvre affiné, Pyrénées, reblochon, tomme
- 50 de fromage à raclette
- 60 g de coulommiers, gouda, pont-l'évêque, saint-marcellin, saint-nectaire, saint-paulin
- 80 g d'édam, Rouy, vacherin
- 100 g de comté
- 170 g de « gruyère » (emmental, fromage râpé)

Légumes en conserve et déshydratés :
- ½ boîte/sachet de champignons à la grecque ou préparés aux herbes, piments, etc. (50 g)
- ½ boîte de choucroute (chou seul 60 g)
- ½ boîte de cœurs de palmier (60 g)
- 1 petite boîte (100 g) de flageolets, haricots secs, pois chiches, lentilles…
- 1 petite boîte de céleri branche, champignons de Paris, ratatouille (100 g)
- 1 boîte moyenne (130 g) de maïs, carotte
- 1 belle boîte (150 g) de céleri rémoulade, céleri râpé, choux de Bruxelles, haricots verts, petits pois

- 1 grosse boîte (300 g) de germes de soja, de macédoine
- 1 très grosse boîte (400 g) de tomates pelées nature (non préparées)
- 1 bol (125 ml) de soupe (en brique ou en poudre)

Légumes au rayon frais (traiteur) ou surgelés (préparés) :
- 1 portion de mousse de légumes (60 g)
- 1 portion d'épinards à la crème (150 g)
- 1 portion (= 3 galettes) de légumes surgelés (à faire à la poêle)

Sauces (toutes prêtes du commerce) et condiments :
- 2 c. à thé de moutarde
- 2 c. à soupe de ketchup
- 2 c. à thé à 1 c. à soupe de sauce soja/nuoc-mâm
- 3 c. à soupe de vinaigrette (classique ou allégée)
- 30 g de mayonnaise
- 80 g de sauce tomate (cuisinée ou non)
- 1 petite brique de sauce type béchamel

Sources : INPES, Ciqual, tables diététiques diverses.

2. Les aliments à surveiller (dont il faut se méfier)

	Ils sont beaucoup trop salés (1 200 à 38 850 mg de sodium/100 g) 😧😧😧	Ils sont trop salés (800 à 1 200 mg de sodium/100 g) 😧😧	Remarque
Fromages et produits laitiers	Roquefort, feta, sainte-maure, bleus et fourme.	Édam, maroilles, fromages fondus, morbier, cantal, munster, parmesan, reblochon, tomme, fromage des Pyrénées, camembert, chaource. Beurre demi-sel, crèmes desserts (vanille, praliné…).	Reportez-vous au basique « Mon plateau de fromages », p. 183.
Sauces, aromates et condiments	Sel (tous : marin, raffiné ou non, fleur de sel, etc.), bouillon en cube, sauce soja, moutarde, vinaigrette classique.	Vinaigrette allégée, ketchup…	Reportez-vous à nos « Sauces et condiments » p. 135. Plein de sauces sympas et sans sel !

→

	Ils sont beaucoup trop salés (1 200 à 38 850 mg de sodium/100 g) ☹☹☹	Ils sont trop salés (800 à 1 200 mg de sodium/100 g) ☹☹	Remarque
Poissons, fruits de mer	Anchois à l'huile, œufs de poisson (lompe, caviar…), crevettes, poissons fumés (saumon, truite…).	Rillettes de poisson et autres boîtes de préparation à base de poisson, bigorneaux, harengs saurs, haddock.	Huîtres, moules, praires… sont aussi très salées.
Viandes et charcuteries	Jambon sec/ cru/fumé, saucisson, bacon, salami, poitrine fumée.	Hot-dog, friand à la viande, saucisson à l'ail, mortadelle, saucisse de Strasbourg, saucisse cocktail, fromage de tête, jambon cuit, merguez, saucisse de Francfort, boudin noir.	Attention aux préparations charcutières en général : œufs et poissons en gelée, salades en tout genre… tous ou presque sont des mines de sel.

→

	Ils sont beaucoup trop salés (1 200 à 38 850 mg de sodium/100 g) ☹☹☹	Ils sont trop salés (800 à 1 200 mg de sodium/100 g) ☹☹	Remarque
Légumes et pâtes, riz…	Olives vertes et noires, riz cantonnais.	Pommes dauphine, pommes noisette.	Évitez tous les légumes « préparés » : pommes de terre en cubes rissolées, galettes de légumes…
Apéritif & grignotages		Biscuits apéritifs, pop-corn salé.	Achetez les amandes, pistaches et autres noisettes au rayon « pâtisserie » ou « fruits secs » : ils sont nature, donc non grillés/salés.
Biscuits au goûter		Biscuits secs sucrés, barres de céréales.	Ceux à la confiture sont globalement les moins salés.

→

	Ils sont beaucoup trop salés (1 200 à 38 850 mg de sodium/100 g) ☹☹☹	Ils sont trop salés (800 à 1 200 mg de sodium/100 g) ☹☹	Remarque
Céréales du petit déjeuner		la plupart des céréales à déjeuner.	Les mueslis renferment 4 fois moins de sel que les flocons de maïs.
Pains et céréales		Le pain apporte 70 % de notre consommation de sel !	Certains boulangers font l'effort d'en mettre moins, et même de proposer du « pain sans sel ». Changez de boulangerie si ce n'est pas le cas du vôtre !

Table des matières